Couverture inférieure manquante

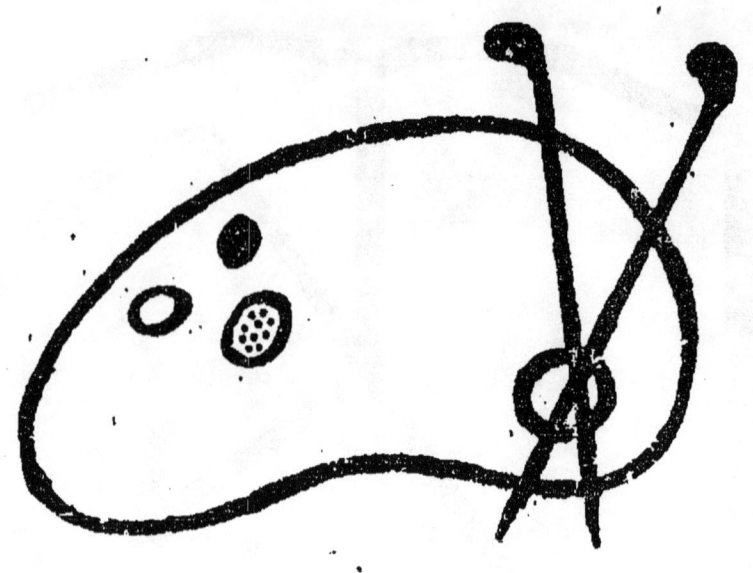

Original en couleur
NF Z 43-120-8

CATULLE MENDÈS

Les Oiseaux BLEUS

PARIS
VICTOR-HAVARD, ÉDITEUR
168, Boulevard Saint-Germain, 168

1888

LES
OISEAUX BLEUS

OUVRAGES DU MÊME AUTEUR

JEUNES FILLES, *6ᵉ édition*. . . . . 1 vol.

JUPE COURTE, *8ᵉ édition*. . . . . 1 vol.

L'HOMME TOUT NU, *12ᵉ édition*. . . . . 1 vol.

CATULLE MENDÈS

Les Oiseaux
BLEUS

PARIS
VICTOR-HAVARD, ÉDITEUR
168, Boulevard Saint-Germain, 168

1888

Droits de traduction et de reproduction réservés.

LE SOIR D'UNE FLEUR

LE SOIR D'UNE FLEUR

On l'avait jetée, pendant cette fête, de voiture en voiture; lancée au hasard, attrapée, lancée encore, elle avait été comme le volant de ces exquises raquettes que sont les mains des Parisiennes; puis, un badaud l'ayant mal agrippée, elle tomba dans la boue, parmi l'herbe rase et humide; et personne, d'abord, ne s'inquiéta d'elle; et, plus tard, dans la fête mouillée, mille pieds la piétinèrent, sous la gaieté languissante des lampions et des verres de couleur, tandis que sonnaient les grosses caisses et les trombones des baraques foraines. C'était une toute petite églantine rose, presque en bouton encore, avec une longue tige épineuse.

Comme je passais, hier soir, à travers la foule, je vis, dans la grisaille de la fange, une petite rougeur pâle qui était cette fleur morte ; tout de suite je devinai quel avait été le sort de l'églantine, triomphante, puis mélancolique, pendant la journée de plaisir et de folie : elle était là maintenant, souvenir, entre deux petits tas de boue, comme entre deux feuillets d'un livre, déjà flétrie, charmante encore, relique souillée et parfumée. J'eus la pensée de la ramasser, de la conserver ; savais-je si je n'y retrouverais point l'odeur qui m'est chère entre toutes, l'odeur que j'ai aspirée, une seule minute, de mes lèvres rapides, sur le bout d'un petit doigt ganté, dans l'antichambre, après le thé de cinq heures, tandis que l'on remet les manteaux ? Et puis, cette rose, c'était tout ce qui restait de la gaieté d'une heure, de la promenade enrubannée et fleurissante, où Paris avait imité la fantaisie et les rires d'un Corso d'Italie. Le poète qui passe a pour devoir de recueillir ce qui demeure de la joie humaine, cette tristesse qui est comme la lie des choses heureuses; et, après, il en fait des vers.

Je me baissai donc, pour prendre la fleur.

Mais une main avait devancé la mienne, une toute petite main, celle d'une fillette mal vêtue, sordide, presque en haillons, l'air d'une mendiante. Je laissai faire cette enfant, je ne lui disputai point la morose épave qu'elle saisit et qu'elle mit dans son corsage, sous le bâillement de l'étoffe sans boutons, très vite, furtivement. La pauvre mignonne! cela lui plaisait, habituée à marcher dans la boue, d'y cueillir une fleur.

Mais j'observai les gens, un homme et une femme, qui étaient avec l'enfant, et je les suivis, parmi le brouhaha de tout ce monde se hâtant sous la pluie. Ils étaient pauvrement habillés, lui en veston, elle en robe de cheviotte sans manteau; elle avait dans le cou le désordre de son chignon défait, il avait jusqu'aux yeux, sous un chapeau rond, des frisures de cheveux bruns, annelées par un coiffeur de banlieue. Ils montraient tous deux dans leur costume et dans leur attitude, un abandon de misère, un traînaillement de loques. C'était vraiment cet affreux couple parisien : le voyou et sa femelle. Elle ne lui donnait pas le bras ; ils faisaient marcher devant eux la petite fille qui avait ramassé la fleur ; et, en cheminant, ils parlaient.

Chienne de journée tout de même ! à cause de l'ondée toujours menaçante. Les gens riches n'avaient pas quitté leurs voitures, et, avec les bourgeois qui étaient venus pour voir malgré le mauvais temps, il n'y a rien à faire ; ce sont des malins qui prennent garde à leurs poches. Non, c'était enrageant, à la fin, de ne pas pouvoir se tirer d'affaire, lorsqu'on a bonne envie de travailler et qu'on n'est pas plus manchot que les camarades. Les étrangers ont de la chance, eux ; les Anglais surtout, à cause du Grand-Prix ; on les prend pour des gens convenables, qui ont des relations dans les écuries ; on les fait causer, pour avoir des renseignements sur les chevaux qui courront ; et eux, tout en causant... Mais les

Français se défient des Français; pas moyen d'engager la conversation. Enfin, il était dix heures du soir, ils étaient venus à la fête à deux heures de l'après-midi, et, dans tout ce temps-là, pas une aubaine, rien; ils n'auraient pas eu seulement de quoi prendre un verre avant d'aller se coucher, si la petite n'avait reçu quelques sous, en mendiant entre les voitures. S'il n'y avait pas de quoi se mettre en colère! Alors, pour vivre, il faudrait donc s'expatrier? puisqu'il n'y avait pas moyen de faire son métier, honnêtement, dans son pays! Et tout cela était dit dans des grognements, avec de sales jurons et cet accent des bouges qui donne à toutes les paroles l'ignominie de l'argot.

Pourquoi je suivais, pourquoi j'écoutais ces vils passants? A cause de la fillette, toute haillonneuse, maigre, laide, chétive. Ce qui était exquis, c'est qu'elle avait ramassé une fleur.

— Marguerite!
— Maman? dit l'enfant dans une secousse.

La mère lui flanqua une gifle.

— Une autre fois, tu répondras plus vite. Tiens, regarde, là, devant nous, ces gens qui viennent. Allons, dépêche-toi.

L'enfant s'approcha d'une famille bourgeoise qui courait presque, dans la pluie, en quête d'une voiture; et, tendant une main, d'une voix faussement pleurarde :

— Messieurs, mesdames, geignit-elle, nous sommes cinq enfants à la maison. Papa est sans ouvrage. Donnez-moi quelque chose. Ça vous portera bonheur !

On lui donna une pièce de deux sous, que, les gens passés, elle remit à sa mère.

— Bête ! dit celle-ci, il fallait courir après eux, ils t'auraient donné davantage.

Et elle lui flanqua une autre gifle. La petite fondit en larmes. Elle ne devait pas avoir plus de sept ou huit ans. Elle avait, si maigre, sous le jour des illuminations, une pâleur presque morte, avec des taches de rousseur qui avaient l'air de taches de boue. Et elle pleurait avec de courts sanglots. Puis, elle se remit à marcher devant ce hideux couple, ne pleurant plus, la main dans son corsage. On eût dit que cela la consolait de toucher la fleur qu'elle avait prise.

Qu'est-ce que cela pouvait lui faire, cette fleur ? Née dans quelque sale maison d'une cité populacière, habituée à une vie sans dimanches, elle ne pouvait pas avoir la nostalgie des champs, des buissons, des courses dans les bois, avec les camarades, en sortant de l'école; une églantine, pour elle, ce devait être quelque chose qu'on vend à des messieurs, le soir, sur le boulevard; et puis, si on n'a pas fait bonne recette, des coups, après minuit, au retour. Tout le jour, pendant la fête, elle avait vu, des coupés aux victorias, un échange fou de bouquets; des dames bien habillées, éclatantes, heureuses, la face fleurie de joie, riaient en baissant la tête, pour éviter à leurs chapeaux le heurt envolé des roses et des pivoines; la haine des fleurs, — des fleurs, métier pour elle, luxe pour les autres, — voilà ce qu'elle aurait dû éprouver ce pauvre être. Mais non, elle tâtait toujours, sous l'étoffe sans boutons, l'églantine ramassée; et, les yeux à peine séchés, elle avait un sou-

1.

rire aux lèvres, un sourire pensif et résolu, avec un air de préméditation heureuse, comme si elle eût formé le dessein de quelque grande joie. Je remarquai qu'elle avait sous son bras gauche un journal déchiré, mal replié. Une fois, il tomba, elle le reprit très vite. Qu'en voulait-elle faire? Je la regardais. Maladive et triste, elle n'était point vilaine pourtant. Lavée, bien vêtue, on eût fait une belle enfant riche avec cette laide enfant pauvre. Elle marchait d'un pas décidé. Elle avait dans les yeux quelque chose qui ressemblait à un rêve.

Cependant, l'homme et la femme, moi les suivant toujours, avaient quitté la fête. Ils avaient gagné je ne sais quelle avenue de banlieue, ils s'arrêtèrent sous une tente flottante, lourde de pluie, et prirent place devant une table. Je m'arrêtai aussi, et m'assis non loin d'eux. Ils demandèrent une bouteille de vin. Je les voyais sous la lumière d'un quinquet accroché à un poteau. Lui glabre, elle moustachue, leurs faces étaient repoussantes. Accoudés, ils se parlaient bas, avec un murmure de complot. Autour de nous, des gens, qui devaient être des palefreniers et des valets de jockeys, menaient grand fracas, buvaient, appelaient le garçon, se querellaient, s'injuriaient. Il y avait, dans l'air, avec une odeur de tonneau en vidange, une odeur d'écurie. Je remarquai que le voyou et sa femelle regardaient par instants, en se faisant des signes, deux valets de chambre, en gilets de livrée, qui jouaient aux cartes, de petites pièces sur la table.

Mais où donc était l'enfant?

Tout près, assise par terre, entre les souliers des gens.

Et c'était charmant de la voir.

Du vieux journal déchiré, elle avait fait deux petits carrosses en papier, — carrosses, ou leur vague ressemblance, — et ses mains, tantôt celle-ci, tantôt celle-là, lançaient d'une voiture à l'autre la fleur qu'elle avait ramassée tout à l'heure, l'églantine ramassée parmi l'herbe humide et rase. Je compris alors pourquoi elle avait saisi si rapidement la mélancolique épave! pourquoi elle l'avait si soigneusement gardée. Là, entre les jambes des buveurs, parmi l'air sale, les pieds dans la fange, la jupe dans la fange, accroupie, elle imitait, à elle seule, toute la gaieté, toute la gloire épanouie de la fête. Elle recevait et lançait, en une seule églantine fanée, les mille bouquets de la fraîche bataille, et elle s'amusait, et elle riait, et elle avait, cette enfant de voleuse et de voleur, cette mendiante, cette loqueteuse, — tandis que l'homme et la femme, penchés au-dessus des verres rouges, complotaient quelque mauvais coup, — elle avait, plus sincère, au cœur et aux lèvres, toute la joie des belles mondaines échangeant des mitrailles épanouies. Bientôt elle rentrerait dans quelque bouge puant, obscur, où l'on dort mal, pendant les querelles avinées du père et de la mère. Mais, n'importe, elle aurait eu, la petite misérable, l'illusion, un instant, d'être heureuse comme tant de magnifiques dames. Et c'était, je le pensai, par la pitié du destin, que l'églantine rose, presque en bouton encore, avec une longue tige épineuse, était tombée d'une main maladroite, parmi la boue, dans l'herbe.

LA BELLE DU MONDE

LA BELLE DU MONDE

I

En ce temps-là, dans ce pays, les jeunes filles et les jeunes femmes, si elles savaient qu'elles étaient jolies, ne le savaient guère que par ouï-dire. A peine suspendues au mur ou prises dans la main, toutes les glaces, grandes ou petites, se répandaient en lumineux débris, sans heurt visible, comme d'elles-mêmes. Et savez-vous pourquoi elles se brisaient de la sorte? parce qu'elles étaient désespérées de ne pas être le miroir où la princesse Amarante mirait ses lèvres de fleur et, sous ses cheveux de soleil, ses yeux de ciel.

A cent lieues à la ronde on n'aurait pas,

même en cherchant longtemps, rencontré une dame ou une demoiselle qui, pour la beauté, fût comparable à la princesse : elle était l'enchantement de tout ce qui l'entourait, hommes, bêtes ou choses ; pas plus que le roi son père, son petit chien ne pouvait se lasser de l'admirer ; si elle demeurait quelques heures sans traverser la salle où se tenaient les gentilshommes de la cour, ils devenaient malades de tristesse ; lorsqu'elle n'avait pas fait dans le parc sa promenade accoutumée, les balsamines et les jacinthes, en s'endormant dans un froissement de feuilles, se disaient l'une à l'autre, même après la plus belle journée : « Quel sombre temps il a fait aujourd'hui ! » Mais elle était pour le moins aussi méchante que belle ; d'avoir de profondes prunelles bleues où s'attendrissait délicieusement la lumière, ne l'empêchait d'entrer en des colères qui faisaient trembler tout le monde ; elle avait plus souvent envie de mordre que de sourire, bien que sa bouche eût la douceur aimable d'une petite rose poupine. Et la colère n'était pas son plus grand défaut : elle était envieuse — elle qui possédait dans des coffrets de jade et d'or tant de diamants et de perles — au point de pâlir de rage si elle voyait une ou deux gouttes de rosée sur une primevère matinale, ou quelques grains de verroterie au cou d'une pauvresse. Ajoutez que, le cœur clos à toute tendresse, elle avait réduit au désespoir les plus beaux et les plus riches princes de la terre, qui n'avaient pu la voir sans l'aimer; on citait jusqu'à douze prétendants qui s'étaient laissés mourir du chagrin de n'avoir pu l'obtenir en mariage.

II

Une fois que, sur la pelouse, avec ses demoiselles d'honneur, elle jouait à la berlurette, — c'était un jeu fort à la mode, en ce temps, à la cour, — elle entendit deux pages se promenant dans une allée voisine derrière un buisson de syringas, parler entre eux d'un merveilleux oiseau qui ressemblait, d'après les récits des voyageurs, à un brasier rose de pierreries envolé! et qui avait son nid sur la plus haute cime d'une montagne sauvage au pays des Algonquins. Tout de suite, — quoiqu'elle eût, en vingt volières, des huppes, des apus, des cardulines, des améthystes, des orverts, des perruches, et des passerines fauves et roses, et des roitelets couleur de feu, et des aviranos et des rossignolettes, — elle eut envie de l'oiseau inconnu. Elle manda un prince qui, pour l'amour d'elle, séjournait à la cour depuis plus d'une année, en grande mélancolie. C'était le propre neveu de l'empereur de Trébizonde ; il était jeune et beau comme un matin de printemps ; afin de plaire à la princesse, il avait accompli les plus périlleux exploits, avait triomphé des plus rudes épreuves ; mais jamais elle ne récompensa que par des rebuffades l'amour et le dévouement qu'il ne cessait de lui témoigner.

Quand le prince fut venu :

— Seigneur, lui dit-elle, vous irez, s'il vous plaît, me chercher l'oiseau pareil à un brasier rose de pierreries, qui a son nid dans la montagne des Algonquins ! et, si vous l'apportez, je vous donnerai peut-être à baiser le bout de l'ongle de mon petit doigt.

— Oh ! madame, s'écria une demoiselle d'honneur, ne savez-vous pas que, dans sa solitude lointaine, cet oiseau est gardé par mille aigles féroces, aux serres de fer, aux becs de fer? Ils auraient bientôt fait de mettre en pièces, fût-il le plus fort et le plus courageux des vivants, celui qui serait assez insensé pour s'approcher d'eux.

Amarante avait déjà cassé, d'une main furieuse, la tige du plus proche rosier!

— De quoi vous mêlez-vous, mademoiselle?

Puis, se tournant vers le prince :

— Je pensais, seigneur, que vous étiez déjà parti.

Il s'inclina et s'éloigna d'un pas rapide. Telle était sa bravoure, tel était surtout son désir de mériter la récompense promise, qu'il triompha des mille aigles féroces. Peu de jours s'étant écoulés, — la montagne était peut-être moins éloignée qu'on ne le croyait, — il reparut, ayant sur le poing comme un faucon familier le merveilleux oiseau fait de pierreries vivantes. La princesse, avec un air de dédain, déclara que la petite bête ailée ne valait pas la réputation qu'on lui avait faite. Cependant elle consentit à la caresser, deux ou trois fois. Mais la cruelle oublieuse ne donna pas son ongle rose à baiser au neveu de l'empereur de Trébizonde, et même elle ne remarqua point que le vainqueur des aigles avait le front, les joues, le cou, les mains, tout déchirés et tout sanglants encore! Il se retira, sans se plaindre, résigné.

III

Et ce ne fut pas le seul péril où elle exposa le prince. Parce qu'elle eut envie d'une émeraude sans pareille, il dut descendre dans les entrailles de la terre et triompher d'une multitude de gnomes armés de torches flambantes. Il revint, tout fumant de brûlures! La princesse voulut bien accepter la pierre fine, mais, du petit doigt promis, il n'en fut pas question. Une autre fois elle exigea qu'il allât cueillir pour elle, dans le domaine d'un enchanteur très redouté, une fleur qui chantait comme un rossignol, et cette fleur s'épanouissait dans la clairière d'une immense forêt dont toutes les branches étaient des lances en arrêt. Il revint, percé de plus de mille coups, tout rose de blessures, presque mourant! La princesse consentit à écouter la chanson de la fleur; mais de dire au neveu de l'empereur : « Voici mon ongle rose », elle n'en eut garde. Et lui, il ne se plaignait pas, heureux peut-être de souffrir, même sans récompense, toujours triste et doux pour elle, si cruelle.

IV

Un matin que, dans une galerie, parmi ses demoiselles d'honneur, elle jouait au baguenaudier — c'était un jeu qui, en ce temps-là, à la cour, n'était pas moins à la mode que la berlurette, — elle entendit deux officiers du palais parler entre eux, derrière le rideau d'une porte, d'une jeune fille plus exquise que toutes les femmes et que toutes les fées; un géant africain la tenait captive dans un château de bronze. Elle était si parfaite qu'on l'appelait la « Belle du Monde », simplement, pour exprimer qu'il n'y avait qu'elle seule de belle sur la terre. Et les officiers, pensant qu'on ne pouvait pas les ouïr, ajoutaient qu'Amarante, auprès de cette jeune personne, n'était qu'une espèce de laideron. Quatre vases de la Chine volèrent en éclats sous les petits poings furieux de la princesse ! Une vivante, plus jolie qu'elle, voilà ce qu'elle ne pouvait tolérer ! L'idée lui vint incontinent de faire périr dans les plus affreux supplices celle qui avait l'étrange impudence de l'emporter sur elle en beauté.

Elle manda le neveu de l'empereur de Trébizonde.

— Seigneur, dit-elle, vous irez, s'il vous plaît, me chercher la Belle du Monde qu'un géant africain retient captive dans un château de bronze, et, si vous la conquérez, je vous jure que, cette fois, je ne refuserai pas à vos lèvres l'ongle rose de mon petit doigt.

— Oh ! madame, s'écria une demoiselle d'honneur, ne savez-vous pas que, dans ce château lointain, la Belle du monde est gardée par mille guerriers aux têtes de lion et de tigre, qui déchirent et dévorent, en moins de temps qu'il n'en faut à un vautour pour croquer une alouette, les insensés rôdant dans le voisinage? Une armée innombrable de héros, brandissant, au lieu de lances, la foudre et l'éclair, ne vaincraient pas ces monstres qui ne dorment jamais! C'en est fait du prince, s'il ne refuse pas d'obéir à votre caprice.

Amarante souffleta sur les deux joues la trop pitoyable demoiselle d'honneur. Puis, se tournant vers le prince :

— Eh! quoi, seigneur, dit-elle, vous n'êtes pas encore revenu?

Il courba la tête et sortit. Mais ce fut seulement après une absence de plusieurs mois qu'il se montra de nouveau devant la princesse, une fois qu'elle traversait la cour du palais. Il était dans un état qui eût attendri les plus atroces cœurs! Ses habits pendaient en lambeaux déchirés; de profondes morsures sillonnaient toute sa chair; un de ses bras lui manquait : il l'avait laissé sans doute dans la gueule de l'un des guerriers à tête de lion ou de tigre. Mais, l'orgueil de la victoire éclatant dans ses yeux et flottant dans sa chevelure éparse, il était superbe et magnifique! Et, derrière lui, parmi des esclaves noirs, sur le dos d'un éléphant, il y avait un palanquin de velours jaune, aux longues franges d'or.

— Sois le bienvenu, dit la princesse Amarante, si tu amènes la Belle du Monde !

— Je l'amène, dit-il.

— Dans ce palaquin ?

— Oui.

— Hâte-toi donc de l'en faire descendre !

Le prince s'approcha de l'éléphant qui s'était mis à genoux, et le velours jaune s'étant écarté, ceux qui se trouvaient là virent, toute de neige et d'or, une si admirable personne, qu'ils en demeurèrent éblouis comme on l'est quand on regarde la gloire du soleil. La princesse Amarante poussa un cri de joie et de rage ! tant elle était heureuse d'avoir en sa puissance, pour en faire le jouet de sa haine, celle qui la bafouait par une aussi incomparable beauté. Et, soit que son horrible contentement la disposât à quelque mansuétude envers tout ce qui n'était pas la Belle du Monde, soit qu'elle ne pût enfin s'empêcher d'admirer l'obéissance et la victorieuse bravoure du prince :

— Seigneur! s'écria-t-elle, ce n'est pas seulement mon petit doigt, c'est toute ma main, c'est toute ma personne que je vous donnerai en échange de la Belle que vous avez conquise. Vous serez le roi de mon royaume et l'époux de mon lit!

Et déjà elle faisait signe aux officiers et aux serviteurs de lui livrer la prisonnière.

Mais le prince :

— J'ai conquis la Belle du Monde, en effet, dit-il; seulement, madame, je l'ai conquise pour moi, non pour vous; pour mon amour, non pour votre haine. Parce que trop souvent votre barbarie, après tant de travaux où vous exposâtes ma vie, me refusa l'ongle de votre petit doigt, je ne veux pas de toute votre personne et j'emporte dans mon palais de Trébizonde celle, plus belle que vous, qui m'est aussi douce que vous me fûtes cruelle!

Là-dessus, il monta dans le palanquin dont les rideaux se refermèrent et l'énorme éléphant, prompt comme les légères antilopes, — car c'était, je pense, quelque éléphant enchanté, — disparut dans la poussière ensoleillée du chemin, tandis que la princesse Amarante, pour passer sa rage, mordait à belles dents dans les bras et les épaules de ses demoiselles d'honneur.

LA BONNE TROUVAILLE

LA BONNE TROUVAILLE

L'employé du bureau des Objets trouvés ne manifesta pas le moindre étonnement lorsque, ayant levé la planchette de son guichet, il vit en face de lui, dans le corridor jaune et noir, un jeune homme beau comme une aurore de printemps, seulement vêtu d'un carquois d'or sur l'épaule et d'un bandeau de pourpre sur l'œil; et ce jeune homme n'était pas seul, car il avait à son côté une dame, la mieux faite du monde, qui aurait paru tout à fait nue si elle n'avait été habillée des lys et des roses qui lui fleurissaient la peau; mais elle avait une étoile en diamants dans les cheveux. L'employé, je l'ai dit, ne laissa voir aucune surprise; ce ne serait pas la peine d'être un vieux Parisien, s'il fallait s'ébahir à tout propos.

Donc, il regarda les arrivants d'un air qui témoignait de la plus parfaite indifférence; et, professionnel :

— Vous avez perdu quelque chose? demanda-t-il.

— Oui, répondit le jeune homme vêtu d'un carquois.

— Oui, répondit la jeune dame habillée de sa peau rose et blanche.

— Vos habits, peut-être?

— Je n'en eus jamais !

— N'aurais-je point tort d'en avoir?

L'employé grogna :

— Venons au fait, je n'ai pas de temps à dépenser en dialogues. Qu'avez-vous perdu?

— Je suis, tel que vous me voyez, l'Amour...

— Au fait !

— Je suis, telle que vous me voyez, la Beauté...

— Au fait !

— Nous avons perdu, dirent-ils, le respect et l'adoration que la race humaine nous avait voués.

— Hum! hum: ce sont des choses qu'il sera sans doute difficile de retrouver. Pourtant, voyons, raisonnons. Avez-vous quelque souvenir des temps où ce malheur vous est advenu, des endroits où vous êtes allés?

Le dieu et la déesse essayèrent en vain de dissimuler leur embarras.

— Beaucoup de jours se sont succédé et je me suis fait voir en plus d'un lieu, dit-il, depuis que je quittai la terre cythéréenne pour la ville qui s'élève dans les environs de Bougival et d'Asnières.

— Ce n'est pas hier, dit-elle, que je suis sortie des flots sous la pudeur de ma chevelure; et il y a bien longtemps que je séjourne dans la capitale appelée Paris.

— Je me suis anuité dans les boudoirs des illustres mondaines et des cocottes sans importance.

— Je n'ai pas dédaigné de me montrer dans

les bals, dans les fêtes, derrière la rampe des théâtres et des cafés-concerts.

— J'ai juré mille serments, que je n'ai pas tenus, aux pieds de tant d'amoureuses.

— Je me suis offerte, je me suis donnée, bien des fois, en des soirs de caprice et d'orageuse lassitude.

— Je me suis ravalé, pour le plaisir des caresses, jusqu'à l'oubli des saines jalousies, jusqu'à l'acceptation sacrilège des partages.

— Je me suis vendue pour des colliers de perles et d'améthystes, et pour des billets de banque avec de l'or en tas.

L'employé s'écria :

— Sacrebleu! vous en avez fait de belles; des personnes aussi considérables que vous l'êtes auraient dû montrer plus de retenue et ne pas mener cette vie de Polichinelles. C'est bien votre faute, avouez-le, si vous avez perdu le respect et l'adoration de la race humaine; et, entre nous, je crois fort que vous ne les retrouverez pas. Croyez-vous que les cochers les plus désintéressés rapportent des objets de cette sorte? Ah! si vous aviez habité en province, dans les petites villes ou dans les villages où s'éternisent les pures fiançailles, vous auriez quelque chance de reconquérir ce qui vous manque. Mais, à Paris, après tant d'aventures... Enfin, il faut voir, prenez la peine de m'attendre un instant. Je vais faire des recherches.

Ils attendirent longtemps; car cet employé était un homme infiniment consciencieux. Il fureta sur toutes les planchettes, dans tous les casiers, dans toutes les armoires; il vit des lorgnettes qui avaient convoité le dessous feuilleté des jupes des danseuses et la palpitation des gorges dans le bâillement des corsages; des éventails derrière lesquels l'hypocrisie des baisers avait promis d'éternelles tendresses; des miroirs où s'était miré le maquillage des lèvres menteuses; il vit, dans des portefeuilles, perdus par des clubmen, des chèques qui auraient payé des sourires, et, dans des porte-monnaie perdus par des filles, des pièces d'or quémandées entre deux râles d'extase; et il y avait, dans le pêle-mêle de tant de diverses choses, des vertus, des pudeurs, trouvées sur des coussins de fiacre, oubliées dans des chambres d'hôtels garnis, tombées dans le ruisseau de quelque ruelle où les ramassa, avec d'autres innocences avilies, le crochet de quelque chiffonnier; il y avait aussi des virginités d'enfant jetées à la concupiscence ignoble des vieux, et que, le lendemain, avaient balayées vers le tas d'ordures, la servante des entremetteuses! Mais l'honnête employé ne put mettre la main sur le respect et sur l'adoration qu'avaient perdus l'Amour et la Beauté; et il revint vers son guichet, et il dit : « Vous savez, vous pouvez en faire votre deuil, nous n'avons pas ce qu'il vous faut. »

Alors la Beauté et l'Amour montrèrent la plus extrême désolation. A quoi cela lui servirait-il, à elle, d'être le charme et l'éblouissement des yeux; à quoi cela lui servirait-il, à lui, d'être l'unique dispensateur des seules ivresses, si l'estime et la ferveur des âmes s'écartaient d'eux désormais? Ils étaient des dieux méprisés par leurs prêtres! On conviendra que cette situation avait quelque chose de fâcheux.

— Que voulez-vous que j'y fasse? dit l'employé, la plume à l'oreille; il fallait vous conduire en honnêtes divinités.

Mais une grosse voix, rude et bonne, cria :

— Allons, allons, ne vous desespérez pas, que diable! il y a remède à tout.

Celui qui venait d'entrer dans le corridor jaune et noir, c'était un cocher de la Compagnie; il avait, nez trognonnant, bouche énorme, l'air d'un très doux ivrogne; il rapportait sans doute quelque objet oublié dans sa voiture.

— Oui, reprit-il, je veux vous tirer d'affaire. Savez-vous ce que j'ai ramassé tout à l'heure, sur mes coussins? Tenez, regardez, — ça! les Illusions d'une pauvre petite fille, fraîche comme les fleurs et jolie comme les oiseaux, montée dans mon fiacre, hier, très joyeuse, avec un beau garçon qui la tenait par la taille; mais elle pleurait, quand elle est descendue. Les Illusions, qui font croire à tous les mensonges, qui font voir des étoiles en plein ciel noir et des roses en plein hiver, prenez-les, emportez-les, je vous les donne! faites-en cadeau aux hommes, remplissez-en leurs yeux, leurs cœurs, leurs têtes, et, ma parole, toute la race des imbéciles mortels vous environnera de respect et d'adoration, toi, l'Amour, comme si tu ne t'étais jamais sali de traîtrises ni de débauches, et toi, la Beauté, comme si jamais, ange ignorante des cabinets particuliers, tu n'avais, la jambe hors du pantalon, et un peu de chair, au-dessus de la jarretière, flambante au gaz, fait sauter du bout de la bottine le chapeau d'un provincial ébloui!

LA BELLE AU BOIS RÊVANT

LA BELLE AU BOIS RÊVANT

Ce n'est pas seulement l'histoire que l'on écrit à l'étourdie, c'est la légende aussi; et il faut bien reconnaître qu'il est arrivé fréquemment aux conteurs les plus consciencieux, les mieux informés, — Mme d'Aulnoy, le bon Perrault lui-même, — de ne pas relater les choses exactement de la façon qu'elles s'étaient passées dans le pays de la féerie. Ainsi, l'aînée des sœurs de Cendrillon ne portait pas au bal du prince, comme on l'a cru jusqu'ici, un habit de velours rouge avec une garniture d'angleterre; elle avait une robe d'écarlate, brodée d'argent et passementée d'orfroi. Parmi les monarques de tous les pays, priés aux noces de Peau d'Ane, les uns, en effet, vinrent en chaise à porteurs, d'autres en cabriolet; les plus éloignés montés sur des éléphants, sur des tigres, sur des aigles; mais on a omis de nous faire savoir que le roi de Mataquin fit son entrée dans la cour du palais, assis entre les ailes d'une tarasque qui jetait par les naseaux des flammes de pierreries. Et ne croyez pas me prendre sans vert, en me demandant par qui et de quelle manière je fus éclairé sur ces points importants. J'ai connu jadis, dans une chaumine, au bord d'un champ, une très vieille femme, assez vieille pour être fée, et que j'ai toujours soupçonnée d'en être une; comme je venais parfois lui tenir compagnie quand elle se chauffait au soleil devant sa maisonnette, elle m'avait pris en amitié, et, peu de jours avant de mourir, — ou de s'en retourner, son temps d'épreuve fini, dans le mystérieux pays des Vivianes et des Mélusines, — elle m'offrit en présent d'adieu un rouet fort ancien et fort extraordinaire; car, chaque fois qu'on en fait tourner la roue, il se met à parler ou à chanter d'une petite voix douce, un peu chevrotante, pareille à celle d'une mère-grand qui s'égaye et bavarde; ce qu'il dit, c'est beaucoup de jolis contes; les uns que personne ne sait, les autres qu'il sait mieux que personne; et, dans ce dernier cas, comme il ne manque point de malice, il prend plaisir à faire remarquer et à rectifier les erreurs commises par les personnes qui se sont mêlées d'écrire ces récits. Vous voyez que j'ai de qui apprendre! et vous seriez bien étonnés si je vous disais toutes les choses qui m'ont été révélées. Tenez, par exemple, vous vous imaginez connaître dans tous ses détails l'histoire de la princesse qui, s'étant percé la main d'un fuseau, s'endormit d'un sommeil si profond que rien ne l'en put tirer, — pas même l'eau de la reine de Hongrie dont on lui frotta les tempes, — et qui fut couchée, dans un château, au milieu d'un parc, sur un lit en broderie d'or et d'argent? J'ai le chagrin de vous dire que vous ne savez pas du tout ou que vous savez fort mal la fin de cette aventure; et vous ne manqueriez pas de l'ignorer toujours, si je ne me faisais un devoir de vous en instruire.

« Oui, oui, — a ronronné le Rouet, la princesse dormait depuis cent ans lorsqu'un jeune prince, poussé par l'amour et par la gloire, résolut de pénétrer jusqu'à elle et de l'éveiller. Les grands arbres, les épines et les ronces s'écartèrent d'eux-mêmes pour le laisser passer. Il marcha vers le château, qu'il voyait au bout d'une grande avenue, où il entra; et, ce qui le surprit un peu, personne de ses gens ne l'avait pu suivre, parce que les arbres s'étaient rapprochés après qu'il avait été passé. Enfin, quand il eut traversé plusieurs cours pavées de marbre, — des suisses au nez bourgeonné, à la face vermeille, dormaient à côté de leurs tasses où ils avaient encore quelques gouttes de vin, ce qui montrait assez qu'ils s'étaient endormis en buvant, — quand il eut suivi de longs vestibules, et monté des escaliers où des gardes ronflaient, la carabine à l'épaule, il se trouva dans une chambre toute dorée et il vit, sur un lit dont les rideaux étaient ouverts de tous côtés, le plus beau spectacle qu'il eût jamais vu, une princesse qui paraissait avoir quinze ou seize ans, et dont l'éclat resplendissant avait quelque chose de lumineux et de divin.

J'accorde que les choses se passèrent ainsi — c'est toujours le Rouet qui parle — et l'auteur, jusqu'à ce moment, n'a point menti avec trop d'effronterie. Mais il n'y a rien de plus faux que le reste du conte ; et je ne saurais admettre que la Belle réveillée ait regardé le prince avec des regards amoureux, ni qu'elle lui ait dit : « Est-ce vous, monseigneur ? Vous vous êtes bien fait attendre. »

Si tu veux savoir la vérité, écoute.

La princesse étendit les bras, leva la tête un peu, ouvrit ses yeux à demi, les referma, comme effrayée de la lumière, et soupira longuement, tandis que Pouffe, la petite chienne, éveillée aussi, jappait avec colère.

— Qui donc est venu, demanda enfin la filleule des fées, et qu'est-ce donc que l'on me veut ?

Le prince, à genoux, s'écria :

— Celui qui est venu, c'est celui qui vous

adore et qui a bravé les plus grands périls (il se vantait un peu) pour vous tirer de l'enchantement dont vous étiez captive. Quittez ce lit où vous avez dormi cent ans, donnez-moi la main, et retournons ensemble dans la clarté et dans la vie.

Étonnée de ces paroles, elle le considéra et ne put s'empêcher de sourire : car c'était un jeune prince fort bien fait, qui avait les plus jolis yeux du monde, et qui parlait avec une voix très mélodieuse.

— C'est donc vrai, dit-elle en écartant ses cheveux, l'heure est venue où je puis être délivrée de mon si long sommeil?

— Oui, vous le pouvez.

— Ah! dit-elle.

— Que m'arrivera-t-il si je sors de l'ombre, si je reviens parmi les vivants?

— Ne le devinez-vous point? Avez-vous oublié que vous êtes la fille d'un roi? Vous verrez accourir à votre rencontre votre peuple ravi, poussant des cris de plaisir et agitant des bannières de toutes les couleurs; les femmes, les enfants, baiseront le bas de votre robe;

enfin vous serez la plus puissante et la plus fêtée des reines de la terre.

— Il me plaira d'être reine, dit-elle. Que m'arrivera-t-il ensuite?

— Vous vivrez dans un palais brillant comme l'or, et, en montant les marches de votre trône, vous marcherez sur des mosaïques de diamants. Les courtisans groupés autour de vous chanteront vos louanges; les fronts les plus augustes s'inclineront sous la grâce toute-puissante de votre sourire.

— Être louangée et obéie, ce sera charmant, dit-elle. N'aurai-je pas d'autres plaisirs?

— Des cameristes adroites comme les fées vos marraines vous vêtiront de robes couleur de lune et de soleil, vous poudreront les cheveux, vous mettront des mouches au bord de l'œil ou au coin de la bouche; vous aurez un grand manteau de drap d'or, traînant derrière vous.

— A la bonne heure! dit-elle. Je fus toujours un peu coquette.

— Des pages jolis comme des oiseaux vous

offriront dans des drageoirs les épices les plus fines, verseront dans votre coupe les vins sucrés dont le parfum est si doux.

— Voilà qui est fort bien! dit-elle. Je fus toujours un peu gourmande. Seront-ce là toutes mes joies?

— Un autre délice, le plus grand de tous, vous attend.

— Eh! lequel?

— Vous serez aimée!

— Par qui?

— Par moi! Si vous ne me jugez pas indigne de prétendre à votre tendresse...

— Vous êtes un prince de bonne mine, et votre habit vous va fort bien.

— ... Si vous daignez ne pas repousser mes vœux, je vous donnerai tout mon cœur, comme un autre royaume dont vous serez la souveraine, et je ne cesserai jamais d'être l'esclave reconnaissant de vos plus cruels caprices.

— Ah! quel bonheur vous me promettez!

— Levez-vous donc, chère âme, et suivez-moi.

— Vous suivre? déjà? Attendez un peu. Il y a sans doute plus d'une chose tentante parmi tout ce que vous m'offrez, mais savez-vous si, pour l'obtenir, il ne me faudrait pas quitter mieux?

— Que voulez-vous dire, princesse?

— Je dors depuis un siècle, c'est vrai, mais, depuis un siècle, je rêve. Je suis reine aussi, dans mes songes, et de quel divin royaume! Mon palais a des murs de lumière; j'ai pour courtisans des anges qui me célèbrent en des musiques d'une douceur infinie, je marche sur des jonchées d'étoiles. Si vous saviez de quelles belles robes je m'habille, et les fruits sans pareils que l'on met sur ma table, et les vins de miel où je trempe mes lèvres! Pour ce qui est de l'amour, croyez bien qu'il ne me fait pas défaut; car je suis adorée par un époux plus beau que tous les princes du monde et fidèle depuis cent ans. Tout bien considéré, monseigneur, je crois que je ne gagnerais rien à sortir de mon enchantement; je vous prie de me laisser dormir.

Là-dessus, elle se tourna vers la ruelle, ramenant ses cheveux sur ses yeux, et reprit son long somme, tandis que Pouffe, la petite chienne, cessait de japper, contente, le museau sur les pattes. Le prince s'éloigna fort penaud. Et, depuis ce temps, grâce à la protection des bonnes fées, personne n'est venu troubler dans son sommeil la « Belle au Bois rêvant ».

LE VŒU MALADROIT

LE VŒU MALADROIT

I

Pieds nus, les cheveux au vent, un vagabond passa sur la route, devant le palais du roi. Tout jeune, il était très beau avec ses boucles dorées, avec ses grands yeux noirs et sa bouche aussi fraîche qu'une rose après la pluie; comme si le soleil eût pris plaisir à le regarder, il y avait sur ses haillons plus de lumière et de joie que sur les satins, les velours, les brocarts des gentilshommes et des nobles dames groupés dans la cour d'honneur.

— Oh! qu'elle est jolie! s'écria-t-il en s'arrêtant tout à coup.

Il avait aperçu la princesse Roselinde qui prenait le frais à sa fenêtre; et, vraiment, il était impossible de rien voir sur la terre qui fût aussi joli qu'elle. Immobile, les bras levés vers la croisée comme vers une ouverture du ciel, par où s'offrirait le paradis, il serait resté là jusqu'au soir si un garde ne l'eût chassé d'un coup de pertuisane, avec de dures paroles.

Il s'en alla, baissant la tête. Il lui semblait maintenant que tout était sombre devant lui, autour de lui, l'horizon, la route, les arbres en fleur; depuis qu'il ne voyait plus Roselinde, il croyait que le soleil était mort. Il s'assit sous un chêne, à la lisière du bois, et se mit à pleurer.

— Eh! mon enfant, pourquoi vous désolez-vous ainsi? demanda une vieille bûcheronne qui sortait de la forêt, l'échine courbée sous un tas de branches flétries.

— A quoi me servirait de vous l'apprendre? Vous ne pouvez rien pour moi, bonne femme.

— En cela vous vous trompez, dit la vieille.

En même temps, elle se dressa, rejetant son fardeau ; ce n'était plus une bûcheronne, mais une fée belle comme le jour, habillée d'une robe d'argent, les cheveux enguirlandés de fleurs, de pierreries ; quant aux branches sèches, elles avaient pris leur vol en se couvrant de feuilles vertes, et, retournées à l'arbre d'où elles étaient chues, elles chantèrent pleines d'oiseaux.

— Oh! madame la fée! dit le vagabond en se mettant à genoux, ayez pitié de mon infortune. Pour avoir vu la fille du roi, qui prenait le frais à sa fenêtre, mon cœur ne m'appartient plus ; je sens que jamais je n'aimerai une autre femme qu'elle.

— Bon! dit la fée, ce n'est pas là un grand malheur.

— Peut-il en être un plus grand pour moi ? Je mourrai si je ne deviens pas l'époux de la princesse.

— Qui t'empêche de le devenir ? Roselinde n'est pas fiancée.

— Oh! madame, regardez mes haillons, mes

pieds nus; je suis un pauvre enfant qui mendie sur les chemins.

— N'importe! il ne peut manquer d'être aimé, celui qui aime sincèrement; c'est la loi éternelle et douce. Le roi et la reine te repousseront avec mépris, les courtisans feront de toi des risées, mais si ta tendresse est véritable, Roselinde en sera touchée, et, un soir que, d'avoir été chassé par les valets et mordu par les chiens, tu pleureras dans quelque grange, elle viendra, rougissante et heureuse, te demander la moitié de ton lit de paille.

L'enfant secoua la tête; il ne croyait pas qu'un tel miracle fût possible.

— Prends garde! reprit la fée; l'Amour n'aime pas que l'on doute de sa puissance, et il se pourrait que tu fusses châtié d'une façon cruelle à cause de ton peu de foi. Cependant, puisque tu souffres, je veux bien venir à ton aide. Fais un vœu, je l'exaucerai.

— Je voudrais être le plus puissant prince de la terre, afin d'épouser la princesse que j'adore.

— Ah! que ne vas-tu, sans te troubler d'un

tel souci, chanter une chanson d'amour sous sa fenêtre ! Enfin, puisque je l'ai promis, il sera fait selon ton désir. Mais je dois t'avertir d'une chose : lorsque tu auras cessé d'être qui tu es encore, aucun enchanteur, aucune fée, pas même moi ! ne pourra te remettre en ton premier état ; une fois prince devenu, tu le seras pour toujours.

— Croyez-vous qu'il prendra jamais envie au royal mari de la princesse Roselinde d'aller mendier son pain sur les routes ?

— Je souhaite que tu sois heureux, dit la fée avec un soupir.

Puis, d'une baguette d'or, elle lui toucha l'épaule, et, dans une brusque métamorphose, le vagabond fut un seigneur magnifique, éblouissant de soie et de joyaux, chevauchant un étalon de Hongrie, à la tête d'un cortège de courtisans empanachés et de guerriers aux armures d'or, qui soufflaient dans des trompettes.

II

Un aussi grand prince n'était pas pour être mal reçu à la cour; on lui fit l'accueil le plus empressé; pendant une semaine, il y eut en son honneur des carrousels, des bals, toutes les fêtes qu'on peut imaginer. Mais ce n'était pas de ces plaisirs qu'il était occupé ! A toute heure du jour et de la nuit, il songeait à Roselinde; quand il la voyait, il sentait son cœur déborder de délice; quand il l'entendait parler, il croyait ouïr une musique divine, et il faillit se pâmer d'aise, une fois qu'il lui donna la main pour danser une pavane. Une chose le chagrinait un peu : celle qu'il aimait tant ne paraissait point prendre garde aux soins qu'il lui rendait; elle restait le plus souvent silencieuse, avec un air de mélancolie. Il n'en persista pas moins dans le projet de la demander en mariage; et, comme on le pense, les royaux parents de Roselinde se gardèrent bien de refuser un parti aussi considérable. Ainsi le vagabond de naguère allait posséder la plus belle princesse du monde! Une si extraordinaire félicité le troublait à tel point qu'il répondit au consentement du roi par des gestes extravagants peu compatibles avec la solennité de son rang, et, pour un peu, il eût dansé la pavane, devant toute la cour, tout seul. Hélas! cette grande joie n'eut qu'une courte durée. A peine avertie de la volonté paternelle, Roselinde tomba, à demi morte, dans les bras de ses demoiselles d'honneur; et quand elle revenait à elle, c'était pour dire, avec des sanglots, en se tordant les bras, qu'elle ne voulait pas se marier, qu'elle se tuerait plutôt que d'épouser le prince.

III

Plus désespéré qu'on ne saurait l'exprimer, le malheureux amant se précipita, en dépit de l'étiquette, dans la chambre où l'on avait transporté la princesse, et tombé sur les genoux, tendant les bras vers elle :

— Cruelle, s'écria-t-il, rétractez ces paroles qui m'assassinent !.

Elle ouvrit lentement les yeux, répondit avec langueur, avec fermeté cependant :

— Prince, rien ne triomphera de ma résolution ; je ne vous épouserai jamais.

— Quoi ! vous avez la barbarie de déchirer un cœur qui est tout vôtre ! Quel crime ai-je commis pour mériter une punition semblable? Doutez-vous de mon amour? Craignez-vous que je ne cesse un jour de vous adorer? Ah! si vous pouviez lire en moi, vous n'auriez plus ni ce doute ni ces craintes. Ma passion est si ardente qu'elle me rend digne même de votre incomparable beauté. Et si vous ne vous laissez point émouvoir par mes plaintes, je ne trouverai que dans le trépas un remède à mes maux! Rendez-moi l'espoir, princesse, ou bien je m'en vais mourir à vos pieds.

Il ne borna point là son discours : il dit toutes les choses que la plus violente douleur peut inspirer à un cœur épris; si bien que Roselinde ne laissa pas d'être attendrie, mais point de la façon qu'il eût voulu.

— Malheureux prince, dit-elle, si ma pitié, à défaut de ma tendresse, peut vous être une consolation, je vous l'accorde volontiers. Je suis d'autant plus portée à vous plaindre, que j'endure moi-même le tourment qui vous navre.

— Que voulez-vous dire, princesse?

— Hélas! si je refuse de vous épouser,

c'est parce que j'aime d'un amour sans espérance un vagabond qui passa un jour, pieds nus, les cheveux au vent, devant le palais de mon père, et qui m'a regardée, et n'est pas revenu!

ISOLINE-ISOLIN

ISOLINE-ISOLIN

I

Il arriva une fois que deux fées se rencontrèrent sur la lisière d'une forêt auprès d'une grande ville; l'une d'elles, qui se nommait Urgande, était de fort maussade humeur parce qu'on avait négligé de la convier aux fêtes données pour le baptême de la fille du roi! mais l'autre, — elle se nommait Urgèle, — éprouvait toute la satisfaction possible parce qu'on l'avait priée à ces belles réjouissances; et, chez les fées, c'est comme chez les hommes : on est bon quand on est content, méchant quand on est triste.

— Eh! bonjour, ma sœur, dit Urgèle.

— Bonjour, ma sœur, grogna Urgande. Je suppose que vous avez eu beaucoup de plaisir chez votre ami le roi de Mataquin.

— Plus de plaisir qu'on ne saurait dire! Les salles étaient si bien illuminées que l'on se serait cru dans notre palais souterrain où les murs sont de pierreries et les plafonds de cristal ensoleillé; on a servi les mets les plus délicats dans des assiettes d'or, sur des nappes de dentelle; on a versé dans des coupes en forme de lys des vins si parfumés et si doux que je pensais boire du miel dans des fleurs; et, après le repas, de jeunes garçons et de belles demoiselles, si légers et si bien vêtus de soies de toutes les couleurs qu'on les prenait pour des oiseaux de paradis, ont dansé des danses qui étaient les plus jolies du monde.

— Oui, oui, j'ai entendu d'ici les violons. Et sans doute, pour reconnaître une aussi agréable hospitalité, vous avez fait à la petite princesse, votre filleule, des dons fort précieux?

— Cela va de soi, ma sœur! la princesse

sera belle comme le jour; quand elle parlera, ce sera comme un chant de fauvette; quand elle rira, ce sera comme une rose épanouie; enfin, il n'est pas de perfections dont je ne lui aie fait présent; et, lorsqu'elle viendra en âge d'être mariée, elle épousera un prince si beau et si amoureux que jamais on n'en aura vu d'aussi charmant ni d'aussi épris.

— A merveille! dit Urgande en grinçant des dents. Je veux, moi aussi, me montrer généreuse envers votre filleule.

— Oh! ma sœur, ne lui faites pas quelque don fatal! Ne prononcez pas quelque terrible parole, que vous ne pourriez point rétracter! Si vous aviez vu la petite princesse dans son berceau, si mignonne et si frêle, semblable à un oiselet sans plume, si elle vous avait souri avec ses yeux couleur de bleuet et sa bouche couleur d'églantine, vous seriez tout attendrie et n'auriez pas le cœur de lui vouloir du mal.

— Oui, mais je ne l'ai point vue! Elle sera donc belle comme le jour, puisqu'aucune fée ne saurait empêcher ce qu'une autre fée a résolu; elle aura la voix douce comme celle des fauvettes et la lèvre épanouie comme les roses, elle épousera le plus beau et le plus amoureux des princes; seulement...

— Seulement? répéta Urgèle pleine d'inquiétude.

— Seulement, dès qu'elle sera mariée, le soir même de ses noces, elle cessera d'être fille pour devenir garçon!

Vous pensez si la bonne marraine se montra épouvantée de cette prophétie. Elle pria, elle supplia, mais Urgande ne voulut rien entendre et s'enfonça dans la terre avec un ricanement qui fit peur à tous les oiseaux de la forêt. Urgèle continua son chemin, la tête basse, en se demandant comment elle garantirait sa filleule d'un aussi fâcheux accident.

II

A seize ans, la princesse Isoline était si belle que, par toute la terre, il n'était bruit que de sa beauté ; ceux qui la voyaient ne pouvaient se défendre de l'adorer, et ceux qui ne la voyaient point ne laissaient pas d'en être épris à cause de ce que publiait la renommée. De sorte que, de tous les pays, des ambassadeurs venaient à la cour de Mataquin demander la main de la princesse pour les plus riches et les plus puissants monarques. Hélas ! le roi et la reine, avertis de l'avenir promis à leur enfant, ne savaient que répondre ; il eût été imprudent de marier une demoiselle qui, la nuit de ses noces, devait être si étrangement métamorphosée. Ils congédiaient les ambassadeurs avec beaucoup d'égards, sans consentement ni refus, et se désolaient autant qu'il est possible. Quant à Isoline, à qui l'on avait laissé ignorer son cruel destin, elle se souciait fort peu d'être épousée ou non; son innocence ne s'inquiétait pas de cela; pourvu qu'on la laissât jouer avec sa poupée et avec son petit chien dans les allées du jardin royal, où les oiseaux lui disaient : « Votre voix est plus douce que la nôtre », où les roses lui disaient : « Nous sommes moins roses que vos lèvres, » elle se montrait satisfaite, ne demandait pas autre chose; elle était comme une petite fleur qui ne sait pas qu'elle doit être cueillie.

Mais un jour qu'elle était occupée à nouer une tige de liseron au cou de son bichon qui jappait d'aise, elle entendit un grand bruit sur la route voisine; elle leva les yeux, elle vit un cortège magnifique en marche vers le palais, et, à la tête du cortège, sur un cheval blanc secouant sa crinière, il y avait un jeune seigneur qui avait si bonne façon, avec une beauté si éclatante, qu'elle en eut la vue éblouie et le cœur tout troublé. « Ah! qu'il est aimable! » pensa-t-elle; et, songeant pour la première fois à de telles choses, elle s'avoua que, s'il avait l'intention de la demander en mariage, elle n'en éprouverait aucun déplaisir.

Le jeune seigneur, cependant, par-dessus la haie fleurie, avait aperçu Isoline; il s'arrêta, charmé aussi.

— Veuillent les bonnes fées, s'écria-t-il, que vous soyez la fille du roi de Mataquin! car je viens pour l'épouser, et il n'y a rien sur la terre d'aussi charmant que vous.

— Je suis la princesse Isoline, dit-elle.

Ils ne parlèrent plus, se regardant toujours; à partir de ce moment, ils s'aimèrent d'une tendresse si ardente qu'il n'y a pas de mots pour l'exprimer.

III

On juge de l'embarras où se trouvèrent le roi et la reine! Ce n'était pas à des ambassadeurs, cette fois, qu'il fallait répondre, mais à leur fille elle-même, suppliant, pleurant, jurant qu'elle ferait une maladie si on ne la mariait avec son amoureux, et qu'elle en mourrait à coup sûr. D'autre part, le prince Diamant n'était pas de ceux qu'il est facile d'évincer; il était fils de l'empereur de Golconde, il pouvait mettre en campagne contre ses ennemis quatre ou cinq armées dont une seule eût suffi à ravager plusieurs royaumes; il y avait donc tout à craindre de sa colère, et il ne manquerait pas de s'irriter grandement si la princesse lui était refusée. L'instruire du sort affreux réservé à Isoline, ce n'était pas pour sortir de gêne ; il n'aurait pas ajouté foi à un récit aussi peu vraisemblable, aurait cru qu'on voulait se moquer de lui. Si bien qu'attendris par leur fille, et s'effrayant du prince, le roi et la reine en vinrent à se demander s'ils ne feraient pas aussi bien de laisser aller les choses comme si aucun désastre n'en devait résulter ; il se pouvait, d'ailleurs, que la fée Urgande, après tant d'années, eût renoncé à sa vengeance. Enfin, non sans beaucoup d'hésitations, d'excuses, de retards, ils consentirent à l'hymen des deux amants, et jamais on n'avait vu, même dans une noce royale, de mariée plus belle, ni de plus heureux marié.

IV

A vrai dire, le roi et la reine étaient loin de se sentir tranquilles; après la fête, quand ils se furent retirés dans leur appartement, il leur fut impossible de dormir. A tout instant ils craignaient d'entendre des cris, des enfoncements de portes, de voir apparaître le prince fou de désespoir et d'épouvante. Mais rien ne troubla le calme nocturne; ils se rassurèrent peu à peu ; sans doute ils avaient eu raison de penser que la mauvaise fée avait rétracté sa prophétie; le lendemain des noces, ils entrèrent sans trop d'inquiétude dans la salle du trône, où les nouveaux époux ne tarderaient pas, selon la coutume, à venir s'agenouiller sous la bénédiction royale et paternelle.

La porte s'ouvrit.

— Ma fille! s'écria le roi plein d'horreur.

— Isoline! gémit la mère.

— Non plus votre fille, mais votre fils, mon père! non plus Isoline, mais Isolin, ma mère.

Et, en parlant ainsi, le nouveau prince, charmant, fier, l'épée au côté, retroussait sa moustache avec un air de défi.

— Tout est perdu! disait le roi.

— Hélas! disait la reine.

Mais Isolin, se tournant vers la porte, et la voix adoucie :

— Allons, venez, dit-il, ma chère Diamantine! Pourquoi tremblez-vous ainsi? Je vous en voudrais de votre rougeur, si elle ne vous faisait plus belle.

Car, en même temps que la princesse était devenue garçon, le prince était devenu fille; c'est ainsi que, grâce à la bonne Urgèle, fut déçue la vengeance de la méchante fée.

LE MIROIR

LE MIROIR

I

C'était dans un royaume où il n'y avait pas de miroir. Tous les miroirs, ceux qu'on met sur les murs, ceux qu'on tient à la main, ceux qu'on porte à la ceinture, avaient été cassés, réduits en miettes sur l'ordre de la reine; si on avait découvert la plus petite glace dans n'importe quel logis, elle n'eût pas manqué d'en faire périr les habitants au milieu des plus affreux supplices. Quant aux motifs de ce caprice bizarre, je peux bien vous les dire. Laide au point que les pires monstres auraient paru charmants auprès d'elle, la reine ne voulait pas être exposée, lorsqu'elle allait par la ville, à rencontrer son image, et, se sachant horrible, ce lui était une consolation de songer que les autres du moins ne se voyaient pas jolies. Vous pensez bien que les jeunes filles et les jeunes femmes de ce pays n'étaient point satisfaites du tout. A quoi sert d'avoir les plus beaux yeux du monde, une bouche aussi fraîche que les roses, et de se mettre des fleurs dans les cheveux, si l'on ne peut considérer ni sa coiffure, ni sa bouche, ni ses yeux? Pour ce qui était de s'aller mirer dans les ruisseaux et dans les lacs, il n'y fallait pas compter; on avait caché sous des dalles bien jointes les rivières et les étangs de la contrée; on tirait l'eau de puits si profonds qu'il n'était point possible d'en apercevoir la liquide surface, et non dans des seaux où il y aurait eu place pour le reflet, mais dans des écuelles presque plates. La désolation allait donc au delà de ce qu'on peut imaginer, surtout chez les personnes coquettes qui n'étaient pas plus rares dans ce pays que dans les autres; et la reine n'avait garde d'y compatir, bien contente au contraire que ses sujettes trouvassent presque autant de déplaisir à ne point se connaître qu'elle eût éprouvé elle-même de fureur à se voir.

II

Cependant il y avait, dans un faubourg de la ville, une jeune fille appelée Jacinthe qui était un peu moins chagrine que les autres, à cause d'un amoureux qu'elle avait. Quelqu'un qui vous trouve belle et ne se lasse jamais de vous le dire, peut tenir lieu d'un miroir.

— Quoi? vraiment? demandait-elle, la couleur de mes yeux n'a rien qui puisse déplaire?

— Ils sont pareils à des bluets où serait tombée une claire goutte d'ambre.

— Je n'ai point la peau noire?

— Sachez que votre front est plus pur que

le mica de la neige; sachez que vos joues sont comme des roses pâles et cependant rosées!

— Que dois-je penser de mes lèvres?

— Qu'elles sont pareilles à une framboise ouverte.

— Et de mes dents, s'il vous plaît?

— Que les grains de riz, aussi fins qu'elles, ne sont pas aussi blancs.

— Mais pour ce qui est de mes oreilles, n'ai-je pas lieu d'être inquiète?

— Oui, s'il est inquiétant d'avoir parmi les légers cheveux qui se mêlent deux menus coquillages compliqués comme des œillets nouvellement éclos.

C'est ainsi qu'ils parlaient, elle charmée, lui plus ravi encore, car il ne disait pas un mot qui ne fût la vérité même; ce qu'elle avait le plaisir d'entendre vanter, il avait le délice de le voir. Tant et si bien que leur tendresse mutuelle devenait d'heure en heure plus vive. Le jour où il demanda si elle consentait à le prendre pour mari, elle rougit, certainement, mais ce ne fut point d'effroi; les gens qui, voyant son sourire, auraient cru qu'elle se moquait avec la pensée de dire non, se seraient grandement trompés. Le malheur fut que la nouvelle du mariage vint jusqu'aux oreilles de la méchante reine, dont c'était la seule joie de troubler celle des autres; et Jacinthe, plus que toutes, en était détestée, étant la plus belle de toutes.

III

Comme elle se promenait, peu de temps avant les noces, dans le verger, une vieille femme s'approcha d'elle, demandant l'aumône, puis, tout à coup, recula avec un cri, comme quelqu'un qui a failli marcher sur un crapaud.

— Ah! ciel! qu'ai-je vu!
— Qu'avez-vous, ma bonne femme, et qu'est-ce que vous avez vu? Parlez.
— La plus laide chose de la terre!
— A coup sûr, ce n'est point moi, dit Jacinthe en souriant.
— Hélas! si, pauvre enfant, c'est vous. Il y

a bien longtemps que je suis au monde, mais jamais encore je n'avais rencontré une personne aussi affreuse que vous l'êtes.

— Je suis laide, moi?

— Cent fois plus qu'on ne saurait l'exprimer.

— Quoi! mes yeux?...

— Ils sont gris comme la poussière, mais ce ne serait rien si vous ne louchiez pas de la façon la plus désagréable.

— Ma peau...

— On dirait que vous avez frotté de charbon pilé votre front et vos joues.

— Ma bouche...

— Elle est pâle comme une vieille fleur d'automne.

— Mes dents...

— Si la beauté des dents était d'être larges et jaunes, je n'en connaîtrais pas de plus belles que les vôtres!

— Ah! du moins, mes oreilles...

— Elles sont si grandes, si rouges et si poilues, sous vos cheveux de filasse, qu'on ne peut les regarder sans horreur. Je ne suis point jolie, moi-même, et cependant je pense que je mourrais de honte, si j'en avais de telles !

Là-dessus la vieille femme — ce devait être quelque méchante fée amie de la méchante reine, — s'enfuit en jetant un mauvais éclat de rire, tandis que Jacinthe se laissait choir, tout en pleurs, sur un banc, entre deux pommiers.

IV

Rien ne fut capable de la divertir de son affliction. « Je suis laide ! Je suis laide ! » répétait-elle toujours. C'était en vain que son fiancé l'assurait du contraire, avec les plus grands serments. « Laissez-moi ! vous mentez, par miséricorde. Je comprends tout à présent. Ce n'est pas de l'amour que vous ressentez pour moi, c'est de la pitié ! La mendiante n'avait aucun intérêt à me tromper ; pourquoi l'eût-elle fait ? Il n'est que trop vrai : je suis vilaine. Je ne conçois pas que vous puissiez seulement endurer mon aspect. » Pour la détromper, il imagina de faire venir beaucoup

de gens auprès d'elle ; chaque homme déclarait
que Jacinthe était faite à souhait pour le
plaisir des yeux ; même plusieurs femmes en
dirent autant, d'une façon un peu moins affir-
mative. Tout cela ne faisait que blanchir ; la
pauvre enfant s'obstinait dans la conviction
qu'elle était un objet d'épouvante ; « vous vous
entendez pour m'en faire accroire ! » et, comme
l'amoureux la pressait de fixer malgré tout le
jour de leur mariage : « Moi, votre femme !
s'écria-t-elle, jamais ! Je vous chéris trop tendrement pour vous faire don d'une chose aussi
affreuse que je suis. » Vous devinez quel fut
le désespoir de ce jeune homme si sincèrement épris. Il se jeta à genoux, il pria, il
supplia ; elle répondait toujours la même
chose : « Qu'elle était trop laide pour se
marier. » Que faire ? le seul moyen de dé-
mentir la vieille, de prouver la vérité à Jacinthe, c'eût été de lui mettre un miroir
devant les yeux. Mais, de miroir, dans tout
le royaume, il n'y en avait point ; et la terreur inspirée par la reine était si grande,
qu'aucun artisan n'eût consenti à en faire un.

« Eh bien, j'irai à la cour ! dit enfin le fiancé. Si barbare que soit notre maîtresse, elle ne pourra manquer d'être émue par mes larmes et par la beauté de Jacinthe ; elle rétractera, ne fût-ce que pour quelques heures, l'ordre cruel d'où vient tout le mal. » Ce ne fut pas sans peine que l'on décida la jeune fille à se laisser conduire au palais ; elle ne voulait pas se montrer, étant si laide ; et puis, à quoi servirait un miroir, sinon à la convaincre davantage encore de son irrémédiable malheur ! Pourtant elle finit par consentir, voyant que son ami pleurait.

V

— Ça, qu'est-ce? dit la méchante reine. Qui sont ces gens, et que me veut-on?

— Majesté, vous avez devant vous le plus déplorable amant qui soit sur toute la terre.

— Voilà une bonne raison pour me venir troubler!

— Ne soyez pas impitoyable.

— Eh! qu'ai-je à faire dans vos chagrins d'amour?

— Si vous permettiez qu'un miroir...

La reine s'était levée, frémissante de colère.

— On a osé parler de miroir, dit-elle en grinçant des dents.

— Ne vous courroucez point, Majesté, de grâce ! et daignez m'entendre. Cette jeune fille, que vous voyez devant vous, si fraîche et si jolie, est tombée dans la plus étrange erreur ; elle s'imagine qu'elle est laide...

— Eh bien ! dit la reine avec un rire féroce, elle a raison ! car je ne vis jamais, j'imagine, de plus épouvantable objet.

Jacinthe, à ce mot, crut qu'elle mourrait de tristesse. Le doute n'était plus possible, puisque aux yeux de la reine, comme à ceux de la mendiante, elle était si laide en effet. Lentement elle baissa les paupières, tomba sur les marches du trône, pâmée, l'air d'une morte. Mais l'amant, lui, en entendant la cruelle parole, ne se montra point résigné ; il cria violemment que Sa Majesté était folle, à moins qu'elle n'eût quelque raison pour mentir de la sorte. Il n'eut pas le temps d'ajouter un mot ! des gardes l'avaient empoigné, le maintenaient solidement ; et, sur un signe de la reine, quelqu'un s'avança, qui était le bourreau ; il était toujours à côté du trône, parce qu'on pouvait, à chaque instant, avoir besoin de lui.

— Fais ton devoir, dit la reine en désignant celui qui l'avait insultée.

Le bourreau leva tranquillement un large glaive, tandis que Jacinthe, ne sachant où elle était, tâtonnant l'air de ses mains, ouvrait un œil languissamment... et alors deux cris retentirent, bien différents l'un de l'autre ; un cri de joie car, dans le bel acier nu, Jacinthe s'était vue, si délicieusement jolie ! et un cri d'angoisse, un râle, parce que la laide et méchante reine rendait l'âme, de honte et de colère de s'être vue aussi dans l'imprévu miroir.

LA PRINCESSE OISELLE

LA PRINCESSE OISELLE

I

Quoiqu'elle fût de très petite taille et qu'on l'eût volontiers prise pour la sœur aînée de sa poupée, la fille du roi de l'Ile d'Or était la plus jolie princesse de la terre; quand il la vit en âge d'aimer et d'être aimée, son père lui demanda si elle se sentait de la répugnance pour le mariage.

— Oh! non pas, dit-elle.

— Je vais donc inviter à des carrousels et à des bals tous les jeunes princes des environs afin que vous puissiez faire un choix digne de vous et de moi-même.

— Gardez-vous bien, mon père, de recevoir tant de princes à la cour! Cela vous occasionnerait beaucoup de dépense, inutilement. Il y a longtemps que j'ai un ami par amour, et je n'aurai plus rien à désirer si vous me donnez pour mari le rossignol qui ramage tous les soirs dans le rosier grimpant de ma fenêtre.

Le roi, comme on pense, eut beaucoup de peine à garder le sérieux qui convient aux têtes couronnées. Sa fille voulait épouser un oiseau! Il aurait un gendre emplumé! Et c'était dans un arbre sans doute, ou dans une cage, que l'on ferait la noce? Ces moqueries affligèrent cruellement la princesse, qui se retira le cœur gros; et, le soir, accoudée à sa fenêtre, tandis que le rossignol préludait parmi l'épine en fleur :

— Ah! bel oiseau que j'adore, dit-elle, il n'est plus temps de se réjouir, car mon père ne veut pas consentir à nos épousailles.

Le rossignol répondit :

— Ne vous mettez pas en peine, ma princesse; tout ira bien, puisque nous nous aimons.

Et il la consola en lui chantant les belles chansons qu'il savait.

II

Sur ces entrefaites, il arriva que trois géants (c'étaient des magiciens très fameux), vinrent mettre le siège devant la capitale du royaume de l'Ile d'Or. Pour être redoutables, ils n'avaient pas besoin d'être suivis d'une armée, tant ils étaient robustes et cruels. Ils s'avancèrent seuls jusqu'à la muraille, et firent savoir, en parlant d'une voix de tempête, que si, avant trois jours, on ne leur livrait pas la ville, ils la démoliraient pierre à pierre après avoir massacré tous ses habitants; et ce qu'ils disaient, ils n'auraient pas manqué de le faire.

L'épouvante fut si grande que toutes les mères couraient à travers les rues, serrant contre elles leurs enfants en pleurs, comme des sarigues qui emportent leurs petits; parmi les courtisans, il y en avait beaucoup qui se demandaient s'ils ne feraient pas sagement de s'aller soumettre aux trois magiciens; car il est plus glorieux que prudent de rester fidèle au moins fort.

Pour se tirer de péril, le roi s'avisa d'un moyen : il envoya des courriers à tous les princes des environs, avec mission d'annoncer qu'il donnerait sa fille en mariage à celui qui le délivrerait des géants. Mais les princes, jugeant la lutte inégale, se gardèrent bien d'entrer en campagne, si séduisante que fût la récompense promise; de sorte que, un peu avant le soir du troisième jour, tout le monde s'attendait à périr dans les décombres de la ville, lorsque quelques personnes, guettant du haut de la muraille, virent les trois géants sortir avec des gestes de douleur et d'effroi de la tente où ils faisaient la sieste, et s'enfuir, en hurlant, comme des fous.

La joie générale fut d'autant plus grande que plus grand avait été le désespoir ; cependant, on se perdait en conjectures sur la cause d'une délivrance si imprévue.

— Mon père, dit la petite princesse, c'est à l'oiseau que j'aime qu'il faut rendre grâce de cet heureux événement. Il est entré, en voletant, sous la tente de vos ennemis, et, de son bec, pendant qu'ils dormaient, il leur a crevé les yeux. Je pense que vous tiendrez votre promesse et que vous me permettrez d'avoir pour mari le rossignol du rosier grimpant.

Mais le roi, — soit qu'il jugeât peu véritable le récit de la princesse, soit que, malgré le service rendu, il lui répugnât, décidément, d'être le beau-père d'un oiseau, — pria sa fille de ne pas lui rompre davantage la tête ; même il lui tourna le dos, de fort méchante humeur.

Le soir, tandis que le rossignol préludait dans les fleurs et les feuilles :

— Ah ! bel oiseau que j'adore, dit-elle, il n'est plus temps de se réjouir ; car mon père, bien que vous l'ayez délivré des géants, ne veut pas consentir à nos épousailles.

Le rossignol répondit :

— Ne vous mettez pas en peine, ma princesse ; tout ira bien, puisque nous nous aimons.

Et il la consola en lui chantant de nouvelles chansons qu'il avait composées.

III

A quelque temps de là, le trésorier du palais disparut sans que personne pût savoir où il s'était enfui, et l'on trouva vide le grand coffre de cèdre et d'or qui contenait naguère tant de rubis, de diamants et de perles. Le roi, assez avare de son naturel, se montra fort chagrin d'avoir été dépouillé de la sorte; encore qu'il eût beaucoup d'autres trésors, il ne cessait de se plaindre comme un mendiant à qui on aurait dérobé tous les sous amassés en dix ans de « la charité, s'il vous plaît, » et de « Dieu vous le rende! » Il fit crier par des hérauts, dans les royaumes des environs, qu'il donnerait sa fille en mariage à celui qui, prince ou non, découvrirait le voleur et rapporterait les pierreries. Cela ne servit de rien ; beaucoup de jours se passèrent, on n'eut point de nouvelles du trésorier ni du trésor. Mais, un matin, comme le roi soulevait avec mélancolie le couvercle du coffre, il poussa un cri de joie ! toutes les perles étaient là, et tous les rubis, et tous les diamants ! Vous eussiez dit, tant il s'y allumait de clartés, que la chambre était pleine d'étoiles.

On imagine aisément la satisfaction du roi ; cependant, il aurait bien voulu connaître la personne qui avait rapporté les pierreries.

— Mon père, dit la princesse, c'est à l'oiseau que j'aime qu'il faut rendre grâce de cet heureux événement. Il avait guetté et suivi le voleur, il savait où le trésor était enfoui. Pendant bien des nuits, pendant bien des jours, avec beaucoup de peine, — portant un rubis dans sa patte gauche, une perle dans sa patte droite, un diamant dans son bec, — il a voyagé de la cachette au coffre ; je lui tenais la fenêtre ouverte pendant votre sommeil ou lorsque vous étiez à la chasse. Je pense que vous tiendrez votre promesse et que vous me permettrez d'avoir pour mari le rossignol du rosier grimpant.

Mais le roi n'était pas moins obstiné qu'avare. Comme les gens qui sont dans leur tort, il prit le parti de se fâcher, et déclara à sa fille qu'il l'enfermerait dans une tour si elle lui reparlait jamais de mariage avec un tel mari.

Le soir, tandis que le rossignol préludait sous les branches pâles de lune :

— Ah! bel oiseau que j'adore, dit-elle, il n'est plus temps de se réjouir; car, mon père, bien que vous lui ayez rendu son trésor, ne veut pas consentir à nos épousailles.

Le rossignol répondit :

— Ne vous mettez pas en peine, ma princesse; tout ira bien, puisque nous nous aimons.

Et il la consola en lui chantant de nouvelles chansons qu'il avait composées pour elle et étaient les plus douces qu'elle eût jamais ouïes.

IV

Il ne la consola pas si bien qu'elle ne fût prise de langueur, à cause de son amour déçu, et ne vînt à mourir. Pour la porter au sépulcre royal, on la mit sur une jonchée d'œillets blancs et de roses blanches, où elle était plus blanche que les fleurs; suivi d'une foule en larmes, le roi marchait à côté de la civière parfumée, en poussant des cris déchirants, qui eussent ému un cœur de marbre. Comme on était arrivé au cimetière, et qu'on se disposait à mettre dans la tombe la jolie trépassée, un rossignol ramagea, perché sur une branche de bouleau.

— Roi ! que donnerais-tu à celui qui te rendrait vivante la princesse que tu pleures?

— A qui me la rendrait, s'écria le roi, je la donnerais elle-même, je le jure, et avec elle la moitié de mon royaume !

— Conserve tout ton royaume ! Ta fille me suffit. Mais donne-toi bien garde de manquer à ton serment.

Après ces mots, le rossignol descendit de l'arbre, se posa sur le menton de la morte, et l'on vit que, du bout du bec, il lui mettait un brin d'herbe entre les lèvres. C'était un brin de l'herbe qui fait revivre.

La princesse ressuscita tout de suite.

— Ah ! mon père, dit-elle, je pense que vous tiendrez votre promesse enfin, et que vous me permettrez d'avoir pour mari le rossignol du rosier grimpant.

Hélas ! le roi ne craignit pas de se parjurer encore; dès qu'il eut entre ses bras sa fille bien vivante, il ordonna à ses courtisans de chasser l'impertinent oiseau.

Alors il se passa une chose qui sembla fort étonnante à beaucoup de personnes.

La petite fille du roi parut plus petite encore et, diminuant toujours comme un flocon de neige au soleil, elle finit par être une frêle créature ailée moins grosse qu'un poing d'enfantelet. La plus jolie des princesses était devenue la plus jolie des oiselles ! et tandis que son père, se repentant trop tard de son ingratitude, tendait des bras désespérés, elle s'envola avec le rossignol vers les grands bois voisins où elle apprit bien vite comment on fait les nids.

LE CHEMIN DU PARADIS

LE CHEMIN DU PARADIS

Comme elle avait refusé d'épouser le neveu de l'empereur de Germanie, on avait mis la princesse, par ordre de son père, dans la plus haute chambre d'une très haute tour, d'une tour si haute que les nuages planent plus bas, et que les martinets eux-mêmes ne viennent point y faire leurs nids, sentant leurs ailes lasses avant que d'y atteindre; ceux qui voyaient de loin la robe blanche de la captive frémir sur la plate-forme à mi-chemin du ciel, croyaient plutôt d'un ange tombé du paradis que d'une jeune fille montée de la terre. Et, tout le jour, toute la nuit aussi, Guillelmine ne cessait de se lamenter ; non pas seulement parce qu'on l'avait éloignée de ses compagnes avec qui c'était son plaisir de jouer aux tables ou d'aller, le tiercelet au gant, chasser la perdrix ou le héron, mais parce qu'elle était séparée d'un joli page de guerre, appelé Aymeri, boucles blondes et les joues si roses, à qui elle avait donné son cœur, pour ne jamais le reprendre.

De son côté, Aymeri n'avait pas l'âme moins désolée, et, une fois, accoudé à la fenêtre de la geôle où on l'avait enfermé, baissant la tête vers le précipice pierreux qui entourait la prison, il prononça tristement ces paroles :

— Que me sert-il de vivre, puisqu'on m'a dérobé celle qui était l'unique bonheur de ma vie ? Lorsqu'il m'était permis d'être auprès d'elle, je me plaisais à espérer de longs jours pleins de nobles combats et d'aventures victorieuses ; j'enviais toutes les gloires, que je lui aurais offertes comme un berger qui revient de la plaine donne à son amie un bouquet de fleurs des champs ; je voulais être illustre pour qu'elle m'en récompensât d'un sourire. Mais, à présent qu'on me l'a prise, je n'ai plus souci des triomphes ni de mon nom fameux par toute la terre ; à quoi bon cueillir des fleurs que ne baisera pas une bouche adorée ? et je ne prends plus d'intérêt à aucune chose dans ce monde. Vous pouvez vous clore, tristes yeux qui ne verrez plus Guillelmine !

Ayant achevé de parler, il monta sur l'appui de la fenêtre, et se laissa tomber vers le précipice de pierres.

Mais, depuis un instant, trois hirondelles s'étaient posées non loin de là sur la branche d'un acacia en fleur ; battant des ailes et trissant dans le remûment du feuillage, elles n'avaient pas perdu un mot du discours d'Aymeri, malgré leur air de n'y pas prendre garde.

— N'est-ce point grand dommage...
— Qu'il y ait tant de chagrin...
— Dans un si jeune cœur ?
— Et qu'il y ait tant de larmes...
— Tant de larmes amères...
— Dans de si jolis yeux ?

Que ces oiseaux parlassent, cela n'avait rien

7.

de surprenant; car ce n'étaient pas des hirondelles en effet, mais des anges qui en avaient pris la forme, rapetissant leurs ailes; il arrive fréquemment que les esprits célestes se muent de la sorte pour écouter d'entre les branches ou par la cheminée ce qu'on dit ici-bas; mais ils ne font point cela dans une mauvaise intention; ils seraient bien contents de n'entendre et de n'avoir à répéter que d'honnêtes paroles; quelquefois même, pour épargner des châtiments à nos âmes, ils osent mentir à Dieu, qui ne leur en veut pas.

— Ne pensez-vous pas comme moi...
— Qu'il serait juste de sauver Aymeri...
— D'une mort si terrible ?
— Et que, sans déplaire au Seigneur...
— Nous pourrions emporter cet enfant...
— Dans notre paradis ?

Là-dessus, elles volèrent toutes trois vers le désespéré au moment même où il tombait de la fenêtre, et, avant qu'il se fût heurté aux pierres du précipice, elles l'enlevèrent vers le ciel, sur leurs ailes étendues qui étaient maintenant des ailes d'anges.

Aymeri fut bien étonné de ne pas être mort, et il se montra ravi quand il sut où on le conduisait; il se confondit en remerciments, ce qui ne déplut pas à ses sauveurs; il est toujours agréable, lorsqu'on oblige quelqu'un, de ne pas rencontrer de l'ingratitude. Au-dessus des maisons et des palais, plus haut que les platanes des jardins et que les sapins des collines, les envolés traversaient l'azur, la lumière, les nuées; ils allaient si vite, que le vent, malgré son envie de les suivre, fut obligé d'y renoncer et s'arrêta derrière eux en soufflant.

Mais, bientôt, quand la ville eut disparu, là-bas, dans le brouillard, Aymeri fut pris d'une inquiétude.

— Beaux anges, demanda-t-il, vous ne vous trompez pas de route au moins?

A ces mots, ils ne purent s'empêcher de rire.

— Crois-tu donc, enfant...

— Que nous ne connaissons pas...

— Le chemin du paradis?

Aymeri, un peu honteux, répondit :

— Pardonnez-moi, beaux anges. Je vous

ai fait une question qui n'a pas le sens commun. Je vous promets que cela ne m'arrivera plus.

Les ailes blanches battaient l'air, toujours ; des plaines, des forêts, des monts, disparaissaient dans les profondeurs grises ; Aymeri aperçut enfin, au-dessus des nuages, le sommet d'une tour.

— Ah ! dit-il dans un cri de joie, nous sommes arrivés !

Les anges furent un peu surpris de ces paroles.

— Pas encore ! le paradis...
— N'est pas si proche que tu penses...
— Des sombres demeures des hommes.
— Lorsque nous aurons passé...
— A droite du soleil, là-haut...
— A travers des flammes couleur de neige...
— Nous serons encore bien loin...
— Du seuil resplendissant que gardent...
— Les chérubins aux armures d'or !

Aymeri cria en se cramponnant aux plumes des messagers divins :

— Nous sommes arrivés, vous dis-je ! Il est

sur cette tour, le paradis, sur cette tour où Guillelmine lève vers moi les manches de sa robe, plus belle que vos ailes !

Les anges s'étonnaient de plus en plus.

— Quoi ! fol enfant, tu ne veux pas...
— Nous suivre jusqu'au séjour...
— Des éternelles délices ?
— Tu ne veux pas, pareil aux élus...
— Qui sans fin s'extasient...
— Dans les clartés et les musiques...
— Voir la splendeur incomparable...
— Des miraculeux jardins...
— Où les fleurs, qui sont des étoiles...
— Enivrent de lumineux parfums...
— Et d'odorantes lueurs...
— Ces célestes abeilles, les âmes ?
— Tu ne veux pas, parmi les Vierges...
— Lys plus beaux que les lys...
— Dont l'hymen fait des roses...
— Te choisir une fiancée...
— Qui jonchera d'impérissables rêves...
— Ton angélique lit nuptial ?

Mais Aymeri, en se débattant :

— Non ! non ! je n'irai pas plus loin !

Alors les anges s'écartèrent, justement irrités de voir qu'il faisait si peu de cas des joies paradisiaques, et, à travers l'air, il tomba lourdement sur les dalles, au sommet de la tour.

Les membres brisés, le crâne rompu, Aymeri gisait, le pauvre; le sang lui sortait de la bouche, des yeux, du front; il sentait bien qu'il allait mourir, et, dans tout son corps, il éprouvait des souffrances telles qu'il n'aurait jamais cru qu'on pût souffrir à ce point. Mais Guillelmine, échevelée, lui mettait les bras au cou, caressant les blessures, baisant les lèvres sanglantes... « Je le savais bien, dit-il, que je connaissais mieux qu'eux le chemin du Paradis! »

LES BAISERS D'OR

LES BAISERS D'OR

I

Elle chantait des chansons que les oiseaux lui avaient apprises, mais elle les chantait bien mieux que les oiseaux; il jouait du tambour de basque comme un danseur du pays de Bohême, mais jamais tzigane ne promena l'ongle aussi légèrement sur la peau très tendue où des lames de cuivre cliquettent; et ils s'en allaient par les chemins, avec leur musique. Qui étaient-ils? Cette question les eût fort embarrassés. Ce dont ils se souvenaient, c'était que jamais ils n'avaient dormi dans un lit ni mangé à une table; les personnes qui logent dans des maisons ou dînent devant des nappes n'étaient pas de leur famille; même ils n'avaient pas de famille du tout. Petits, si petits qu'ils parlaient à peine, ils s'étaient rencontrés sur une route, elle sortant d'un buisson, lui sortant d'un fossé, — quelles méchantes mères les avaient abandonnés? — et tout de suite ils s'étaient pris par la main, en riant. Il pleuvait un peu ce jour-là; mais, au loin, sous une éclaircie, la côte était dorée; ils avaient marché vers le soleil; depuis, ils n'eurent jamais d'autre itinéraire que de s'en aller du côté où il faisait beau. Certainement, ils seraient morts de soif et de faim, si des ruisseaux ne coulaient dans les cressonnières et si les bonnes femmes des villages ne leur avaient jeté de temps en temps quelque croûte de pain trop dure pour les poules. C'était une chose triste de les voir si chétifs et si pâles, ces enfants vagabonds. Mais un matin, — grandelets déjà, — ils furent très étonnés, en s'éveillant dans l'herbe au pied d'un arbre, de voir qu'ils avaient dormi la bouche sur la bouche; ils trouvèrent que c'était bon d'avoir les lèvres unies; ils continuèrent, les yeux ouverts, le baiser de leur sommeil. Dès lors, ils n'eurent plus souci de leur détresse; cela leur était égal d'être malheureux puisqu'ils étaient heureux; il n'y a pas de misère aussi cruelle que l'amour est doux. A peine vêtus de quelques haillons, par où les brûlait le soleil et les mouillait la pluie, ils n'enviaient point les gens qui portent, l'été, de fraîches étoffes, l'hiver, des manteaux fourrés; les loques, même trouées, n'ont rien de déplaisant, quand, sous ces loques, on plaît à qui l'on aime; et plus d'une grande dame troquerait sa plus belle robe pour la peau d'une jolie pauvresse. Allant tout le jour de bourgade en bourgade, ils s'arrêtaient sur les places, devant les maisons riches dont les fenêtres s'ouvraient parfois, devant les auberges où s'attablent les paysans en belle humeur; elle chantait ses chansons, il faisait ronfler et sonner son tambour de basque; si on leur donnait quelques sous, — comme il arrivait plus d'une fois, car on les trouvait agréables à voir et à entendre, — ils étaient bien contents; mais ils ne se chagrinaient guère si on ne leur donnait rien. Ils en étaient quittes pour se coucher à jeun. Ce n'est pas une grande affaire d'avoir l'estomac vide quand on a le cœur plein; les meurt-de-faim ne sont pas à plaindre, à qui l'amour offre, la nuit, sous les étoiles, le divin régal des baisers.

II

Une fois, cependant, ils se sentirent affreusement tristes. C'était par un froid temps de bise, et, n'ayant reçu depuis trois jours aucune aumône, chancelants, chacun ne retrouvant un peu de force que pour soutenir l'autre, ils s'étaient réfugiés dans une grange ouverte à tous les souffles. Ils avaient beau s'enlacer, se serrer aussi ardemment que possible, ils grelottaient à faire pitié; même en se baisant, leurs bouches se souvenaient qu'elles n'avaient pas mangé. Ah! les pauvres. Et avec le désespoir d'aujourd'hui ils avaient l'inquiétude de demain. Que feraient-ils, que deviendraient-ils, si des gens charitables ne les secouraient point? Hélas! si jeunes, leur faudrait-il mourir, abandonnés de tous, sur un tas de pierres de la route, moins dur que le cœur des hommes?

— Quoi! dit-elle, ce qu'ont tous les autres, ne l'aurons-nous jamais? Est-ce trop de demander un peu de feu pour se réchauffer, un peu de pain pour le repas du soir? Il est cruel de penser que tant de gens dorment à l'aise dans de bonnes maisons chaudes, et que nous sommes ici, tremblants de froidure, comme des oiselets sans plume et sans nid.

Il ne répondit pas; il pleurait.

Mais tout à coup ils purent croire que, morts déjà, ils étaient dans le paradis, tant il y eut autour d'eux de magnifique lumière, tant leur apparut rayonnante et pareille aux anges la dame qui s'avançait vers eux dans une robe de brocart vermeil, une baguette d'or à la main.

— Pauvres petits, dit-elle, votre infortune me touche et je veux vous venir en aide. Après avoir été plus pauvres que les plus misérables, vous serez plus opulents que les plus riches; vous aurez bientôt tant de trésors que vous ne pourrez trouver dans tout le pays assez de coffres pour les enfermer.

Entendant cela, ils croyaient rêver.

— Eh! madame, comment une telle chose pourrait-elle arriver ?

— Sachez que je suis une fée à qui rien n'est impossible. Désormais, chaque fois que l'un de vous ouvrira sa bouche, il en sortira une pièce d'or, et une autre, et une autre, et d'autres encore ; il ne tiendra donc qu'à vous d'avoir plus de richesses qu'on n'en saurait imaginer.

Là-dessus la fée disparut ; et comme, à cause de ce prodige, ils restaient muets d'étonnement, la bouche grande ouverte, il leur tombait des lèvres des ducats, des sequins, des florins, des doublons, et tant de belles monnaies qu'on eût dit qu'il pleuvait de l'or !

III

A quelque temps de là, il n'était bruit dans le monde que d'un duc et d'une duchesse qui habitaient un palais grand comme une ville, éblouissant comme un ciel d'étoiles; car les murs, bâtis des marbres les plus rares, étaient incrustés d'améthystes et de chrysoprases. La splendeur du dehors n'était rien au prix de ce qu'on voyait dedans. L'on ne finirait point si l'on voulait dire tous les meubles précieux, toutes les statues d'or qui décoraient les salles, tous les lustres de pierreries qui scintillaient sous les plafonds. Les yeux s'aveuglaient à regarder tant de merveilles. Et les maîtres du palais y donnaient des festins que l'on s'accordait à juger incomparables. Des tables assez longues pour qu'un peuple entier y pût prendre place étaient chargées des mets les plus délicats, des vins les plus fameux ; c'était dans des plats d'or que les écuyers tranchants découpaient les faisans de Tartarie et dans des coupes faites d'une seule pierre fine que les échansons versaient le vin des Canaries. Si quelque pauvre diable, — n'ayant pas mangé depuis hier, — était entré tout à coup dans la salle à manger, il serait devenu fou d'étonnement et de joie ! Vous pensez bien que les convives ne manquaient pas d'admirer et de louer de toutes les façons les hôtes qui les traitaient si royalement. Ce qui ne contribuait pas peu à mettre les gens en bonne humeur, c'était que le duc et la duchesse, dès qu'ils ouvraient leurs bouches pour manger ou pour parler, en laissaient tomber des pièces d'or que des serviteurs recueillaient dans des corbeilles et distribuaient à toutes les personnes présentes, après le dessert.

La renommée de tant de richesse et de largesse se répandit si loin qu'elle parvint jusqu'au pays des Fées ; l'une d'elles, — celle qui était apparue en robe de brocart dans la grange ouverte à tous les vents, — forma le projet de rendre visite à ses protégés afin de voir de près le bonheur qu'elle leur avait donné et de recevoir leurs remerciements.

Mais quand elle entra, vers le soir, dans la chambre somptueuse où le duc et la duchesse venaient de se retirer, elle fut étrangement surprise ; car, loin de témoignenr de la joie et de la remercier, ils se jetèrent à ses pieds, les yeux pleins de larmes, en sanglotant de douleur.

— Est-il possible, dit la fée, et qu'est-ce que je vois ! N'êtes-vous point satisfaits de votre sort ?

— Hélas ! madame, nous sommes tellement malheureux que nous allons mourir de chagrin si vous ne prenez pitié de nous.

— Quoi ! Vous ne vous trouvez pas assez riches ?

— Nous ne le sommes que trop !

— Serait-ce qu'il vous déplaît de ne voir tomber de vos lèvres que des pièces d'or toujours, et, par goût du changement, vous plairait-il que j'en fisse sortir des diamants ou des saphirs gros comme des œufs de tourterelles ?

— Ah ! gardez-vous-en bien !

— Dites-moi donc ce qui vous afflige, car, pour moi, je ne le saurais deviner.

— Grande fée, il est très agréable de se chauffer lorsqu'on a froid, de dormir dans un lit de plume, de manger à sa faim, mais il est une chose meilleure encore que toutes celles-là. C'est de se baiser sur les lèvres quand on s'aime ! Or, depuis que vous nous avez faits riches, nous ne connaissons plus ce bonheur, hélas ! car chaque fois que nous ouvrons nos bouches pour les unir, il en sort de détestables sequins ou d'horribles ducats, et c'est de l'or que nous baisons.

— Ah ! dit la fée, je n'avais point pensé à cet inconvénient. Mais il n'y a pas de remède à cela, et vous ferez bien d'en prendre votre parti.

— Jamais ! Laissez-vous attendrir. Ne pourriez-vous rétracter l'affreux présent que vous nous avez accordé ?

— Oui bien. Mais sachez que vous perdriez non seulement le don de répandre de l'or, mais avec lui toutes les richesses acquises.

— Eh ! que nous importe !

— Soit donc fait, dit la fée, selon votre volonté.

Et, touchés de la baguette, il se retrouvèrent, par un froid temps de bise, dans une grange ouverte à tous les vents ; ce qu'ils furent naguère, ils l'étaient de nouveau : affamés, demi-nus, tremblants de froidure comme des oiselets sans plumes et sans nid. Mais ils se gardaient bien de se plaindre, et se jugeaient trop heureux, ayant les lèvres sur les lèvres.

LES ACCORDAILLES

LES ACCORDAILLES

I

Quand la princesse Othilde vint au monde, on se récria d'admiration et d'étonnement : d'admiration, parce qu'elle était bien la plus jolie mignonne qu'on puisse imaginer; d'étonnement, parce qu'elle était à peine aussi grande qu'un poing fermé d'enfant. Couchée dans un berceau pas plus large que la main ni plus long que le doigt, vous auriez dit d'un oiseau des Iles, encore sans plumes, dans son nid. Le roi et la reine ne pouvaient se lasser d'admirer ses jambes, ses pieds roses, qui auraient tenu dans un bas de poupée, son ventre de souris blanche, son visage qu'un pétale de marguerite eût suffi à cacher. A vrai dire, ils s'inquiétaient de la voir si extraordinairement petite, et leur royale grandeur ne pouvait supporter l'idée d'avoir donné le jour à une naine; mais ils espéraient que leur fille grandirait, sans rien perdre de sa gentillesse. Ils furent bien trompés dans leur attente. En demeurant gracieuse autant qu'il est possible, elle grandit si peu qu'à cinq ans elle n'était pas plus haute qu'un brin d'herbe, et qu'en jouant dans les allées elle était obligée de se dresser sur la pointe des pieds pour cueillir les violettes. On fit mander des médecins fameux, on promit de leur donner les plus riches récompenses s'ils parvenaient à hausser de quelques pouces seulement la taille de la princesse; ils se concertèrent avec gravité, les mains croisées sur le ventre, clignant de l'œil sous le verre de leurs bésicles, inventèrent des drogues qu'Othilde fut obligée de boire, des onguents infaillibles dont on la frotta soir et matin. Tout cela ne fit que blanchir; elle ne cessait pas d'être une adorable naine; lorsqu'elle se divertissait en compagnie de son bichon favori, elle lui passait entre les pattes sans avoir besoin de baisser la tête. Le roi et la reine eurent recours aux Fées, avec lesquelles ils avaient toujours eu d'excellents rapports; elles ne manquèrent pas de venir, celles-ci, dans des litières de drap d'or, aux franges de pierreries, que portaient des Africains nus, celles-là dans des chars de cristal, attelés de quatre unicornes : il y en eut qui trouvèrent plus commode d'entrer par la fenêtre ou par la cheminée, sous forme d'oiseaux de paradis ou de martinets aux ailes bleues; mais, dès qu'elles frôlaient le parquet de la salle, elles devenaient de belles dames habillées de satin. L'une après l'autre, elles touchèrent Othilde de leurs baguettes, la prirent dans la main, — elle n'était pas plus lourde qu'une grosse alouette, — la baisèrent, lui soufflèrent sur les cheveux, firent des signes au-dessus de son front en murmurant de toutes-puissantes paroles. Les charmes des Fées n'eurent pas plus d'effet que la médecine des savants hommes ; à seize ans, la princesse était encore si petite qu'il lui arriva un matin d'être prise tout entière dans un piège à rossignols qu'on avait mis dans le parc. Les courtisans, qui ont intérêt à tenir les souverains en joie parce que la bonne humeur, d'ordinaire, se montre généreuse, faisaient de leur mieux pour consoler le roi et la reine ; ils proclamaient que rien n'est plus ridicule qu'une grande taille, que les statures élevées ne sont, à bien considérer les choses, que des difformités ; pour ce qui était d'eux, ils auraient bien voulu n'avoir qu'un demi-pied de haut, — mais c'est aux races royales que la nature réserve de telles faveurs ! — et quand ils voyaient passer quelque énorme manant, ils se tordaient de rire en se prenant les côtes. Les dames d'honneur, — afin que la princesse parût moins petite à côté d'elles moins grandes — renoncèrent d'un commun accord à porter des talons hauts, qui étaient une mode de ce temps-là, et les chambellans prirent l'habitude de ne jamais s'approcher du trône qu'en marchant sur les genoux. Mais ces ingénieuses flatteries ne réussissaient pas toujours à dérider le roi ni la reine; bien des fois ils eurent envie de pleurer en baisant leur fillette, du bout des lèvres, de peur de l'avaler; et ils retenaient leurs larmes, pour ne pas la mouiller toute. Quant à Othilde, elle ne paraissait point chagrinée de son malheur; elle avait même l'air de prendre grand plaisir à mirer sa jolie petite personne dans un miroir à main, fait d'un seul diamant un peu gros.

II

Cependant, — comme tous les désespoirs s'usent enfin par l'accoutumance, — le roi et la reine devenaient moins tristes de jour en jour; sans doute ils auraient pris le parti de ne se plus désoler, s'il ne leur était arrivé une chose bien faite pour renouveler leur douleur. Sur le rapport qu'on lui faisait de la beauté de la princesse, — car la renommée, qui flatte volontiers les personnes royales, avait divulgué en tous lieux la grâce d'Othilde et non sa petitesse, — le jeune empereur de Sirinagor se rendit amoureux d'elle, et il envoya des ambassadeurs la demander en mariage. Vous pensez l'embarras que causa une telle proposition ! Marier cette mignonne poupée, grande comme une perruche, il n'y fallait pas songer. Quel homme s'accommoderait d'un épouse qui se perdrait certainement à toute minute dans le lit nuptial! « Où donc êtes-vous, ma bien-aimée? — Là, tout près de vous, mon ami, dans un pli de l'oreiller. » Et la demande de l'empereur de Sirinagor était d'autant plus effrayante, qu'on le disait lui-même d'une taille colossale ; il était plus beau que tous les princes, mais plus grand que tous les géants. Le jour de sa naissance, il avait été impossible de trouver un berceau assez vaste pour cet énorme prince; on avait dû le coucher sur de longs tapis dans la salle du trône. A trois ans, il lui fallait se baisser un peu pour dénicher les oiseaux à la cime des chênes! Ses parents, comme ceux d'O-thilde, avaient consulté les médecins et les Fées, tout aussi vainement; il avait grandi de plus en plus, d'une façon démesurée; lorsque ses peuples, en célébration de quelque victoire, lui érigeaient des arcs de triomphe, il était obligé de descendre de cheval, pour passer dessous ; et si hauts qu'ils fussent, il ne manquait pas de heurter aux frontons la tarasque d'argent éployée sur son casque ! Naturellement, le roi et la reine déclarèrent aux ambassadeurs que l'union projetée était la chose du monde la plus impossible. Mais le jeune empereur, fort colère de son tempérament, ne se tint pas pour satisfait d'une telle réponse ; il ne voulut entendre à rien ; l'aveu de la petite taille d'Othilde lui parut une allégation absurde, imaginée dans l'intention de le bafouer ; et il s'écria en coiffant son casque, dont les ailes d'argent frémirent, qu'il allait tout mettre à feu et à sang pour venger cette injure.

III

Il fit comme il avait dit. Il y eut de terribles batailles, des villes à sac et des populations entières passées au fil de l'épée; tant qu'enfin le roi et la reine virent bien que c'en serait fait d'eux et de tout le royaume s'ils n'entraient en accommodement avec le gigantesque conquérant qui marchait vers la capitale en enjambant les bourgs et les forêts en flammes. Ils se hâtèrent donc de lui demander la paix, s'engageant à ne plus lui refuser la main de leur fille. Ils étaient, du reste, assez tranquilles sur les suites de ce consentement;

l'empereur, à la vue d'Othilde, ne manquerait pas de renoncer à son dessein, et s'en retournerait dans son pays avec ses armées en vain victorieuses.

Jour fut pris pour la première entrevue des deux fiancés; mais elle eut lieu dans le parc, non dans le palais, parce que le vainqueur n'aurait pas pu se tenir debout sous les plafonds des salles.

— Ça, dit-il, je ne vois pas la princesse. Ne viendra-t-elle bientôt?

— Regardez à vos pieds, dit le roi.

Elle était là, en effet, dépassant à peine les plates-bandes de l'allée; si menue et si jolie dans sa robe d'or, le front tout reluisant de pierreries, elle paraissait encore plus petite à côté du jeune et magnifique empereur, dont se dressait sous le ciel l'armure ensoleillée.

— Hélas! dit-il.

Car il se désolait de la voir, là-bas, si charmante, mais si petite.

— Hélas! dit-elle à son tour.

Car elle était bien marrie de le voir, là-haut, i beau, mais si grand!

Et ils eurent des larmes, elle dans ses yeux levés, lui dans ses yeux baissés.

— Sire, dit le roi, — pendant qu'ils se considéraient encore de loin! — Sire, vous le voyez, vous ne sauriez épouser ma fille. Forcés de renoncer à l'honneur de votre alliance...

Mais il n'acheva point sa phrase, et, muet de stupeur, il regardait la princesse et l'empereur, elle grandissant, lui rapetissant, à cause de l'amour, plus puissant que les fées, qui les attirait l'un vers l'autre ! Bientôt ils furent presque de même taille ; leurs lèvres se touchaient comme les deux roses d'une même branche.

LE MAUVAIS CONVIVE

LE MAUVAIS CONVIVE

Il régnait une grande inquiétude à la cour et dans tout le royaume parce que le fils du roi, depuis quatre jours, n'avait pris aucune nourriture. S'il avait eu la fièvre ou quelque autre maladie, on n'eût pas été surpris de ce jeûne prolongé; mais les médecins s'accordaient à dire que le prince, n'eût été la grande faiblesse que lui causait son abstinence, se serait porté aussi bien que possible. Pourquoi donc se privait-il ainsi? Il n'était pas question d'autre chose parmi les courtisans, et même parmi les gens du commun ; au lieu de se souhaiter le bonjour, on s'abordait en disant : « A-t-il mangé, ce matin? » Et personne n'était aussi anxieux que le roi lui-même. Ce n'était pas qu'il eût une grande affection pour son fils ; ce jeune homme lui donnait toutes sortes de mécontentements ; bien qu'il eût seize ans déjà, il montrait la plus grande aversion pour la politique et pour le métier des armes ; lorsqu'il assistait au conseil des ministres, il bâillait pendant les plus beaux discours d'une façon très malséante, et une fois, chargé d'aller, à la tête d'une petite armée, châtier un gros de rebelles, il était revenu avant le soir, son épée enguirlandée de volubilis et ses soldats les mains pleines de violettes et d'églantines ; donnant pour raison qu'il avait trouvé sur son chemin une forêt printanière, tout à fait jolie à voir, et qu'il est beaucoup plus amusant de cueillir des fleurs que de tuer des hommes. Il aimait à se promener seul sous les arbres du parc royal, se plaisait à écouter le chant des rossignols quand la lune se lève ; les rares personnes qu'il laissait entrer dans ses appartements racontaient qu'on y voyait des livres épars sur les tapis, des instruments de musique, guzlas, psaltérions, mandores; et, la nuit, accoudé au balcon, il passait de longues heures à considérer, les yeux mouillés de larmes, les petites étoiles lointaines du ciel. Si vous ajoutez à cela qu'il était pâle et frêle comme une jeune fille, et, qu'au lieu de revêtir les chevaleresques armures, il s'habillait volontiers de claires étoffes de soie où se mire le jour, vous vous expliquerez que le roi fût fort penaud d'avoir un tel fils. Mais, comme le jeune prince était le seul héritier de la couronne, son salut était utile au bien de l'État. Aussi ne manqua-t-on point de faire, pour le résoudre à ne pas se laisser mourir de faim, tout ce qu'il fut possible d'imaginer. On le pria, on le supplia; il hochait la tête sans répondre. On fit apprêter par des cuisiniers sans pareils les poissons les plus appétissants, les plus savoureuses viandes, les primeurs les plus délicates; saumons, truites, brochets, cuissots de chevreuil, pattes d'ours, hures de marcassins nouveau-nés, lièvres, faisans, coqs de bruyère, cailles, bécasses, râles de rivières, chargeaient sa table à toute heure servie, et il montait, de vingt assiettes, une bonne odeur de fraîche verduresse ; le jugeant las des venaisons banales et des légumes accoutumés, on lui accommoda des filets de bisons, des râbles de chiens chinois, hachés dans des nids de salanganes, des brochettes d'oiseaux-mouches, des griblettes de ouistitis, des brezolles de guenuches, gourmandées de pimprenelles des Andes, des rejetons d'hacubs cuits dans de la graisse d'antilope, des marolins de Chandernagor et des sacramarons du Brésil dans une pimentade aux curcas. Mais le jeune prince faisait signe qu'il n'avait pas faim, et, après un geste d'ennui, il retombait dans une rêverie.

Les choses en étaient là, et le roi se désolait de plus en plus lorsque l'enfant, exténué, se soutenant à peine et plus blanc que les lys, lui parla en ces termes :

— Mon père, si vous ne voulez pas que je meure, donnez-moi congé de quitter votre royaume, et d'aller où bon me semblera, sans être éclairé de pas un.

— Eh! faible comme tu es, tu t'évanouirais avant le troisième pas, mon fils.

— C'est pour reprendre des forces que je veux m'éloigner. Avez-vous lu ce qu'on raconte de Thibaut-le-Rimeur, le trouvère qui fut le prisonnier des fées?

— Ce n'est pas ma coutume de lire, dit le roi.

— Sachez donc que, chez les fées, Thibaut mena une vie très heureuse, et qu'il était surtout content à l'heure des repas parce que de petits pages, qui étaient des gnomes, lui servaient pour potage une goutte de rosée sur une feuille d'acacia, pour rôti une aile de papillon dorée à un rayon de soleil, et, pour dessert, ce qui reste à un pétale de rose du baiser d'une abeille.

— Un maigre dîner! dit le roi, qui ne put s'empêcher de rire malgré les soucis qu'il avait.

— C'est pourtant le seul qui me fasse envie. Je ne saurais me nourrir, comme les autres hommes, de la chair des bêtes tuées, ni des légumes nés du limon. Octroyez-moi de m'en aller chez les fées, et, si elles me convient à leurs repas, je mangerai à ma faim et reviendrai plein de santé.

Qu'eussiez-vous fait, à la place du roi? Puisque le jeune prince était sur le point de mourir, c'était une façon de sagesse que de consentir à sa folie; son père le laissa donc partir, n'espérant plus le revoir.

Comme le royaume était près de la forêt de Broceliande, l'enfant n'eut pas beaucoup de chemin à faire pour se rendre chez les fées; elles l'accueillirent fort bien, non point parce qu'il était le fils d'un puissant monarque, mais parce qu'il se plaisait à écouter le chant des rossignols quand la lune se lève et à regarder, accoudé au balcon, les lointaines étoiles. On donna une fête en son honneur dans une vaste salle aux murs de marbre rose, qu'éclairaient des lustres en diamant; les plus belles des fées, pour le plaisir de ses yeux, dansaient en rond, se tenant par la main, laissant traîner des écharpes. Il éprouvait une joie si grande, malgré de cruels tiraillements d'estomac, qu'il eût voulu que les danses durassent toujours. Cependant il devenait de plus en plus faible, et il comprit qu'il ne tarderait pas à mourir s'il ne prenait point quelque nourriture. Il avoua à l'une des fées l'état où il se trouvait, osa même lui demander à quelle heure on souperait. « Eh! quand il vous plaira! » dit-elle. Elle donna un ordre, et voici qu'un page, qui était un gnome, apporta au prince, pour potage, une goutte de rosée sur une feuille d'acacia. Ah! l'excellent potage! Le convié des fées déclara qu'on ne saurait rien imaginer de meilleur. On lui offrit ensuite pour rôti une aile de papillon dorée à un rayon de soleil, — une épine d'aubépine avait servi de broche, — et il la mangea d'une seule bouchée, avec délice. Mais ce qui le charma surtout, ce fut le dessert, la trace d'un baiser d'abeille sur un pétale de rose. « Eh bien, dit la fée, avez-vous bien soupé, mon enfant? » Il fit signe que oui, extasié, mais, en même temps, il pencha la tête et mourut d'inanition. C'est qu'il était un de ces pauvres êtres, — tels sont les poètes ici-bas, — trop purs et pas assez, trop divins pour partager les festins des hommes, trop humains pour souper chez les fées.

LA TIRE-LIRE

LA TIRE-LIRE

Jocelyne était mendiante sur un chemin où ne passait personne; de sorte qu'il ne tombait jamais aucune monnaie dans la frêle main lasse d'être tendue; quelquefois, d'une branche secouée par le vent, une fleur s'effeuillait vers la pauvresse, et l'hirondelle qui vole vite lui faisait, dans un flouflou d'ailes, l'aumône d'un joli cri; mais ce sont là de chimériques offrandes que l'on ne saurait donner en payement aux personnes avares qui vendent les choses que l'on mange ou les choses dont on s'habille, et Jocelyne était fort à plaindre; d'autant plus que, née elle ne savait quand, d'elle ne savait qui, n'ayant d'autre souvenir que celui de s'être éveillée, un matin qu'il faisait du soleil, sous un buisson de la route, elle ne rentrait pas, le soir, dans une de ces bonnes chaumines, pleines d'une odeur de soupe, où les autres fillettes, après avoir tendu le front au père et à la mère, s'endorment dans de la paille tiède, sur le coffre à pain, en face du feu de sarment, qui s'endort aussi. Elle se résignait à grimper, dès que montait la nuit, dans un orme ou dans un chêne, et sommeillait, couchée le long d'une grosse branche, non loin des écureuils qui, la connaissant bien et ne s'effrayant plus d'elle, lui sautaient sur le bras, sur l'épaule, sur la tête, jouaient de leurs petites pattes dans ses cheveux ébouriffés, couleur d'or et si clairs qu'il était difficile de s'assoupir dans l'arbre, comme dans une chambre où il y a de la lumière. Lorsque les nuits étaient fraîches, elle se serait volontiers fourrée dans quelque nid de loriot ou de merle, si elle n'avait été trop grande. Son habillement était fait d'un vieux sac de toile, trouvé, un jour de chance, dans le fossé du chemin; elle le rapiéçait de feuilles vertes, chaque printemps; comme elle était jolie et fraîche, avec des joues fleurissantes, vous auriez pris cet habit pour la feuillaison d'une rose. Pour ce qui était de sa nourriture, elle n'en connaissait guère d'autre que les avelines du bois et les sorbes de la venelle; son grand régal était de manger des sauterelles grillées à point sur un petit brasier d'herbes sèches. Vous voyez bien que Jocelyne était la créature la plus misérable que l'on puisse imaginer, et si son sort était déjà bien cruel durant la belle saison qui met de la chaleur dans l'air et des fruits aux arbustes, pensez ce qu'il devait être quand la bise saccageait les noisetiers stériles et lui gelait la peau à travers ses loques de feuilles mortes.

Une fois, comme elle s'en revenait de sa cueillette d'avelines, elle vit une fée, toute habillée de mousseline d'or, sortir d'entre les verdures d'un épinier; la fée parla d'une voix plus douce que les plus douces musiques :

— Jocelyne, parce que tu as le cœur aimable autant que ton visage est charmant, je veux te faire un don. Tu vois cette tire-lire, toute petite, qui a la forme et la couleur d'un œillet éclos? Elle t'appartient. Ne manque pas d'y mettre tout ce que tu as de plus précieux ; le jour où tu la casseras, elle te rendra au centuple ce qu'elle aura reçu.

Là-dessus, la fée s'évanouit comme une flamme éteinte d'un coup de vent, et Jocelyne, qui avait eu quelque espérance à l'aspect de la belle dame, se sentit plus triste que jamais. Ce ne devait pas être une bonne fée, non ! Était-il rien de plus cruel que de donner une tire-lire à une pauvre fille qui n'avait ni sou ni maille? Qu'y pouvait-elle mettre, ne possédant rien ? Les seules économies qu'elle eût faites, c'était ses souvenirs de jours sans pain, de nuits sans sommeil dans la bise et la neige. Elle fut tentée de briser contre les pierres ce présent qui se moquait d'elle; elle n'osa point, le trouvant joli; et, pleine de mélancolie, elle pleurait; les larmes tombaient une à une dans la tire-lire pas plus grande qu'une fleur, pareille à un œillet épanoui.

II

Une autre fois, il lui arriva un bonheur qui la rendit plus malheureuse encore. Sur le chemin où ne passait personne, le fils du Roi, au retour de la chasse, vint à passer, l'épervier au poing. Monté sur un cheval qui secouait sa crinière de neige, vêtu de satin bleu ramagé d'argent, la face fière et à ce point lumineuse de soleil que l'on ne s'étonnait pas d'y voir éclore la fleur rouge des lèvres, le prince était si beau que la mendiante crut voir un archange en habit de seigneur. Les yeux écarquillés, la bouche ouverte, elle tendait les bras vers lui, et elle sentait quelque chose, qui devait être son cœur, sortir d'elle, et le suivre !

Hélas, il s'éloigna, sans même l'avoir vue. Seule comme devant, — plus seule, d'avoir un instant cessé de l'être, — elle se laissa tomber sur le revers du fossé, fermant les yeux, sans doute pour que rien n'y remplaçât l'adorable vision. Quand elle les rouvrit, mouillés de pleurs, elle aperçut à côté d'elle la tire-lire qui ressemblait un peu à des lèvres entr'ouvertes. Elle la saisit et, avec l'acharnement désespéré de son vain amour, — mettant dans son souffle son âme, — elle la baisa d'un long baiser! Mais le présent de la fée, sous l'ardente caresse, ne s'émut pas plus qu'une pierre touchée d'une rose. Et, à partir de ce jour, Jocelyne connut de telles douleurs que rien de ce qu'elle avait enduré jusqu'alors ne pouvait leur être comparé; elle se rappelait, comme de belles heures, le temps où elle n'avait souffert que de la faim et du froid; s'endormir quasi à jeun, frissonner sous les rafales, ce n'est rien ou c'est peu de chose; maintenant elle n'ignorait plus les véritables angoisses.

Elle songeait que d'autres femmes, à la

cour, illustres et parées, — « moins jolies que toi », lui disait le miroir de la source, — pouvaient voir presque à toute heure le beau prince au lumineux visage; qu'il s'approchait d'elles, qu'il leur parlait, qu'il leur souriait; avant peu de temps sans doute, quelque glorieuse jeune fille, venue de Trébizonde dans une litière portée par un éléphant blanc à la trompe dorée, épouserait le fils du Roi. Elle, cependant, la mendiante du chemin sans passants, elle continûrait de vivre, — puisque c'est vivre que de mourir un peu tous les jours, — dans cette solitude, dans cette misère, loin de lui qu'elle aimait si tendrement; elle ne le reverrait jamais, jamais! La nuit des royales noces, elle coucherait dans son arbre, sur une branche, non loin des écureuils; et, tandis que les époux s'embrasseraient par amour, elle mordrait de rage la dure écorce du chêne. De rage? non. Si douloureuse, elle n'avait pas de colère; son plus grand chagrin était de penser que le fils du Roi, peut-être, ne serait pas aimé par la princesse de Trébizonde autant qu'il l'était par elle, pauvre fille.

III

Enfin, un jour qu'il neigeait, elle résolut de ne plus souffrir. Elle n'avait plus la force de supporter tant de tourments : elle se jetterait dans le lac, au milieu de la forêt ; elle sentirait à peine le froid de l'eau, étant accoutumée au froid de l'air. Grelottante, elle se mit en route, marcha aussi vite qu'elle pouvait. C'était par un matin gris, sous la pesanteur des flocons. Parmi la tristesse du sol blanc, des arbres dépouillés, des buissons qui se hérissent, des lointains mornes, rien ne luisait que ses cheveux d'or ; on eût dit d'un peu de soleil resté là. Elle marchait toujours plus vite. Quand elle fut arrivée au bord du lac, elle avait sur ses haillons, à cause de la neige, une robe de mariée.

— Adieu! dit-elle.

Adieu? Oui, à lui seul.

Et elle allait se laisser tomber dans l'eau lorsque la fée, en robe de mousseline d'or, sortit d'entre les branches d'un épinier.

— Jocelyne, dit-elle, pourquoi veux-tu mourir?

— Ne savez-vous point, méchante fée, combien je suis malheureuse? La plus affreuse mort me sera plus douce que la vie.

La fée eut un bon petit rire.

— Avant de te noyer, reprit-elle, tu devrais au moins casser ta tire-lire.

— A quoi cela me servirait-il, puisque, étant si pauvre, je n'ai rien mis dedans?

— Eh! casse-la tout de même, dit la fée.

Jocelyne n'osa pas désobéir; ayant tiré de dessous ses haillons l'inutile présent, elle le brisa contre une pierre.

Alors, tandis que la forêt d'hiver devenait un magnifique palais de porphyre aux plafonds d'azur, étoilés d'or, le beau fils de Roi, sorti de la tire-lire envolée en miettes, prit la mendiante entre ses bras, la baisa dans les cheveux, sur le front, sur les lèvres, cent fois ! En même temps, il lui demandait si elle voulait bien l'accepter pour mari. Et Jocelyne pleurait de joie, pleurait encore. La bonne tire-lire lui rendait au centuple, comme elle lui avait rendu le baiser, les larmes de tristesse en larmes de bonheur.

LA BONNE RÉCOMPENSE

LA BONNE RÉCOMPENSE

Rien ne pouvait distraire de son chagrin la princesse Modeste, et vous auriez eu pitié d'elle si vous aviez pu la voir. Non point qu'elle fût devenue laide à force de pleurer, — jolie comme elle était, on ne saurait cesser de l'être, — mais elle pâlissait chaque jour davantage; et c'était une rose rose, changée en rose blanche. Vainement ses demoiselles d'honneur faisaient leur possible pour la tirer de souci; elle ne daignait sourire ni de leurs chansons ni de leurs danses; si on lui offrait, à l'heure du goûter, des confitures de perles, dont elle était naguère très friande, elle détournait la tête avec un soupir; il lui arrivait de repousser du pied son sapajou favori, qui en était pour ses frais de jolies singeries ; attristée de la joie des autres, elle avait fait ouvrir la porte de leur cage à ses perruches familières, dont le jacassement l'importunait. Même elle ne prenait plus aucun plaisir à se mirer, tandis que ses femmes lui mettaient dans les cheveux des fleurs de pierreries. Enfin, il serait impossible d'imaginer une désolation pareille à celle de la princesse Modeste, et des cœurs de roche s'en fussent attendris. Je vous laisse à penser quelle devait être l'inquiétude du roi, qui aimait tendrement sa fille. Il n'avait goût à rien, ne s'intéressait plus aux affaires de l'État, bâillait aux flatteries de ses courtisans; c'en était au point qu'il assista un jour, sans la moindre satisfaction, à la pendaison de deux ministres, bien que les spectacles de cette espèce eussent toujours eu le privilège de le mettre en belle humeur. Ce qui le navrait surtout, c'était que la princesse s'obstinait à ne point révéler le pourquoi de son chagrin ; il perdait l'espoir de guérir une douleur dont il ne connaissait point la cause. « Voyons, ma fille, disait-il, serait-ce qu'il vous manque quelque chose? — Hi! hi! répondit la princesse en pleurs. — Avez-vous envie d'une robe couleur d'étoiles ou d'aurore? — Hi! hi! — Voulez-vous que je fasse mander des joueurs de guitare ou des chanteurs de ballades renommés pour chasser la mélancolie? — Hi! hi! — Vous est-il venu dans la pensée qu'il vous serait agréable d'être mariée à quelque beau fils de roi, aperçu dans un carrousel? — Hi! hi! » On ne pouvait obtenir d'autre réponse. Une fois cependant, à force d'être suppliée, la princesse finit par avouer que si elle se chagrinait de la sorte, c'était à cause d'un objet perdu. « Eh! ma fille, que ne le disiez-vous plus tôt! Ce que vous avez perdu, on le retrouvera. Quelle est, s'il vous plaît, cette précieuse chose? » Mais, à cette question, Modeste poussa un cri d'effroi, et se cacha la tête dans les mains, comme une personne qui a honte. « Jamais, balbutia-t-elle, jamais je ne nommerai l'objet que je regrette. Sachez seulement que c'était un présent des fées, en mousseline, qu'il était le plus beau du monde avec ses broderies et ses dentelles d'or légères et lumineuses comme une nuée du matin, qu'on me l'a dû dérober un jour d'été que je me baignais avec mes demoiselles, dans la rivière sous les saules, et que je mourrai sûrement si on ne le retrouve pas ! » Là-dessus, toute rougissante, elle s'enfuit dans son appartement ; et le bon père eut le cœur serré d'entendre des plaintes à travers la porte, et de petits sanglots, par secousses.

Bien que les renseignements donnés par Modeste n'eussent rien de précis, et que sa description de la chose égarée ou volée ne fût pas de nature à éviter les confusions, le roi résolut de mettre en œuvre le seul moyen dont il disposât pour consoler le désespoir de sa fille. Des courriers parcoururent toute la ville, furent envoyés dans les moindres bourgades, dans les plus lointaines campagnes, avec mission d'annoncer que la princesse, en folâtrant près de la rivière, sous les saules, avait perdu un très précieux objet, le plus beau du monde, en mousseline, orné de fines broderies et de dentelles d'or légères et lumineuses comme une nuée du matin; et, pour ce qui était de la récompence à celui qui le rapporterait, le roi faisait savoir qu'il ne reculerait devant aucun sacrifice, qu'il s'engageait par un grand serment à ne rien refuser de ce qui lui serait demandé. Il est inutile de dire que cette proclamation mit en émoi tout le pays. Les gens qui avaient fait, très loin de la rivière, n'importe quelle trouvaille, sans dentelle ni broderie, ne laissèrent pas de rêver de beaux rêves; et ceux qui n'avaient rien trouvé se mirent en devoir de chercher. Il y avait une grande foule, du matin au soir, sous les saules, le long de l'eau; hommes, femmes, enfants, courbés vers les herbes, écartant les branches, haletaient d'espérance, s'imaginaient à chaque instant qu'ils allaient mettre la main sur leur fortune; et, pendant toute une semaine, on apporta au palais mille vaines bagatelles, pièces de monnaie, bribes de rubans, gants déchirés, qui n'avaient aucun rapport avec la description faite par les courriers. Chaque fois qu'on lui présentait un nouvel objet, la princesse détournait la tête, faisant signe que non, et se replongeait plus profondément dans ses mélancolies.

Or, il arriva une fois qu'un jeune pêcheur, fort bien fait de sa personne, et très agréable à voir malgré ses haillons de bure, entra dans la cour du palais, et dit, avec un air d'assurance, qu'il voulait parler au roi. La première pensée des hallebardiers qui étaient là fut de jeter ce misérable à la porte; on ne s'entretient pas avec des personnes couronnées quand on n'a sur la tête qu'un méchant bonnet de laine rouge déteint sous la pluie et le vent. Mais dès que le pêcheur eut affirmé d'une voix haute qu'il avait dans une poche de sa veste de quoi ramener le sourire sur les lèvres de la princesse, les gardes prirent un air beaucoup moins rébarbatif, et le jeune homme fut introduit dans la salle du trône.

En le voyant, le roi haussa l'épaule.

— Évidemment, dit-il, celui-ci ne sera pas plus heureux que les autres; ma fille, cette fois encore, n'aura point le contentement qu'elle espère

— Sire, dit le pêcheur, Votre Majesté se trompe ; la princesse Modeste, grâce à moi, va sortir de peine.

— Est-il possible ?

— Cela est certain.

En même temps, le jeune pêcheur, à qui ne manquait pour être beau comme un fils d'empereur que d'être habillé de velours ou de brocart, tira de dessous sa veste quelque chose de léger, de long, qui était enveloppé d'un papier rose.

— Sous ce papier, reprit-il, se trouve l'objet perdu par la princesse, et je pense qu'elle en tombera d'accord, si Votre Majesté veut bien le lui faire remettre.

— J'y consens.

Sur un signe de Sa Majesté, un chambellan, ayant pris le paquet rose, l'alla porter à la princesse.

A vrai dire, la tranquillité du pêcheur, le ton ferme dont il parlait, avaient inspiré quelque confiance au père de Modeste. Il se pouvait que le jeune homme eût trouvé le présent des fées ! Mais non. Vaine espérance. Chimère.

Modeste serait triste aujourd'hui, comme les autres jours.

Un éclair de rire sonna, vif, clair, joyeux, pareil à un bris de verroteries, et la princesse, rose de plaisir, courant avec un air de danser, se précipita dans la salle, sauta au cou de son père. « Ah! quel bonheur! je l'ai! je l'ai! comme je suis contente! Ah! mon bon père! Aussi, voyez, je ris comme une folle, moi qui ne cessais de pleurer! » Une chose qu'il serait difficile d'exprimer, c'est la satisfaction du roi en entendant ces paroles. En dépit de l'étiquette, il se mit à rire lui-même, et, comme les courtisans ne manquèrent pas de l'imiter, comme les valets des antichambres et les hallebardiers de la porte, entendant qu'on riait, crurent bon de rire aussi, ce fut dans tout le palais un si joyeux tumulte d'hilarité que le sapajou de la princesse, debout sur la queue de la robe, n'y put tenir, et se prit les côtes, en pouffant!

Cependant le roi se tourna vers celui à qui l'on devait l'heureux événement :

— J'ai engagé ma parole royale, et ne me

dédirai pas! Quoi que tu désires, parle sans crainte : Je te l'accorderai.

Le jeune pêcheur s'agenouilla.

— Sire, je pourrais vous demander des richesses, des charges, des titres ; à cause de votre serment, vous ne manqueriez pas de me faire riche, puissant, glorieux. Mais je n'ai point de telles visées. Puisque j'ai rapporté à la princesse l'objet disparu pendant qu'elle se baignait avec ses demoiselles sous les saules de la rivière, je demande seulement qu'on m'en donne — la doublure !

— La doublure ! s'écria le roi plein d'étonnement. C'est donc une robe ou un manteau que ma fille pleurait?

— Peut-être, sire ! Quoi qu'il en soit, j'en demande...

— La doublure ! J'entends bien. Et je te promets que tu l'auras. Car, enfin, ta réserve est digne de louanges. Quand il te serait permis d'exiger tous les trésors, tous les honneurs, tu te bornes...

Mais cette phrase ne fut point achevée : la princesse, rouge jusqu'aux cheveux, se laissait tomber, évanouie, sur les marches du trône. Car ce qu'elle avait perdu et retrouvé, c'était sa chemise ; le pêcheur exigeait une étrange récompense. D'ailleurs, le roi ne put refuser, puisque sa parole était donnée, de marier sa fille avec le subtil jeune homme ; et le jour des noces venu, — voyant le marié plus beau que tous les princes sous ses habits de brocart et de velours, — Modeste songea sans trop d'épouvante à ce qu'il adviendrait du très précieux présent des fées, orné de broderies et de dentelles d'or diaphanes comme une nuée du matin.

LES MOTS PERDUS

LES MOTS PERDUS

I

Il arriva une fois qu'une très cruelle Fée, jolie comme les fleurs, méchante comme les serpents qui se cachent dessous, résolut de se venger de tout le peuple d'un grand pays. Où était situé ce pays? dans la montagne ou dans la plaine, au bord d'un fleuve ou près de la mer? C'est ce que l'histoire ne dit point. Peut-être était-il voisin du royaume où les couturières se montrèrent habiles à broder de lunes et d'étoiles les robes des princesses. Et quelle offense avait subie la Fée? C'est ce que le conte ne dit pas davantage. On avait peut-être omis de la prier au baptême de la fille du roi. Quelque opinion qu'il vous plaise d'avoir sur ces deux points, tenez pour assuré qu'elle était fort en courroux. Elle se demanda d'abord si, afin de désoler la contrée, elle n'y ferait point mettre le feu à tous les palais et à toutes les chaumines par les mille petits génies qui lui servaient de pages, si elle n'y flétrirait point tous les lilas et toutes les roses, si elle n'y rendrait pas toutes les jeunes filles laides et vieilles comme des branle-dents. Elle aurait pu déchaîner par les rues des tarasques vomissant des fumées et des flammes, ordonner au soleil de faire un détour pour ne point passer sur la ville détestée, commander aux orages de déraciner les arbres et de renverser les édifices. Elle s'arrêta à un dessein plus abominable encore. Comme un voleur que rien ne presse choisit dans un écrin les plus précieux joyaux, elle ôta de la mémoire des hommes et des femmes ces trois mots divins: « Je vous aime ! » et se déroba, le mal commis, avec un petit rire qui eût été plus affreux qu'un ricanement de diable, s'il n'avait eu les plus roses lèvres du monde.

II

Dans les premiers temps, les femmes et les hommes ne s'aperçurent qu'à demi du tort qu'on leur avait fait. Il leur semblait qu'il leur manquait quelque chose, ils ne savaient pas quoi. Les fiancés qui se donnent des rendez-vous, le soir, dans les venelles d'églantiers, les époux qui se parlent bas aux croisées, songeant aux délices prochaines après les fenêtres closes et les rideaux tombés, s'interrompaient brusquement de se regarder ou de s'entrebaiser; ils sentaient bien qu'ils voulaient dire une phrase accoutumée, et ils n'avaient pas même l'idée de ce qu'avait été cette phrase;

ils demeuraient étonnés, inquiets, ne s'interrogeant pas, car ils n'auraient su quelle question se faire, tant était complet en eux l'oubli de la précieuse parole; mais ils ne souffraient pas trop encore, ayant la consolation de tant d'autres mots, murmurés, et de tant de caresses. Hélas! ils ne tardèrent pas à être pris d'une profonde mélancolie! C'était en vain qu'ils s'adoraient, qu'ils se nommaient des noms les plus tendres, qu'ils tenaient les plus doux propos; il ne leur suffisait pas de s'écrier que toutes les délices sont épanouies dans la rose du baiser, de se jurer qu'ils étaient prêts à mourir, lui pour elle, elle pour lui, de s'appeler : « Mon âme! ma passion! mon rêve! » ils avaient l'instinctif besoin de proférer et d'ouïr une autre parole, plus exquise que toutes les paroles, et, avec l'amer souvenir des extases qui étaient en elle, l'angoisse de ne jamais plus la prononcer ni l'entendre! Après les tristesses, il y eut les querelles. Jugeant son bonheur incomplet à cause de l'aveu interdit désormais aux plus ardentes lèvres, l'amante exigeait de l'amant, et l'amant de l'amante, — sans dire quoi, sans le pouvoir dire, — la seule chose précisément que ni l'un ni l'autre ne pouvaient donner. Ils s'accusaient mutuellement de froideur ou de traîtrise, ne croyaient pas à la tendresse qui n'était pas exprimée comme ils eussent voulu. De sorte que bientôt les fiancés cessèrent d'avoir des rendez-vous dans les venelles d'églantines fleuries ; et, même après les fenêtres closes, les chambres conjugales n'entendaient plus que de froides causeries dans les fauteuils qui ne se rapprochent point. Peut-il y avoir de la joie où il n'y a point d'amour? Ruiné par les guerres, dévasté par les pestes, le pays que haïssait la Fée n'eût pas été aussi désolé, aussi morne qu'il était devenu à cause de trois mots oubliés.

III

Et il y avait dans ce malheureux pays un poète qui était fort à plaindre. Ce n'était point qu'ayant quelque belle maîtresse, il se désespérât de ne plus dire et de ne plus entendre la parole volée ; il n'avait point de maîtresse, aimant trop les vers ; mais c'était qu'il lui était impossible de terminer un poème commencé la veille du jour où la méchante Fée avait accompli sa vengeance. Et pourquoi ? parce que le poème, justement, devait s'achever par : « je vous aime ! » et ne pouvait en aucune façon s'achever autrement. Le poète se frappait le front, se prenait la tête entre les mains, se demandait : « Serait-ce que je suis fou ? ». Il était pourtant sûr d'avoir trouvé, avant d'entreprendre son ode, les mots qui en précéderaient le dernier point d'exclamation. La preuve qu'il les avait trouvés, ces mots, c'est que la rime dont ils étaient la rime, écrite déjà, les attendait, les réclamait, n'en voulait point d'autres, pareille à une bouche qui, pour devenir le baiser, attend une bouche jumelle. Et, la phrase indispensable, fatale, il l'avait oubliée, ne se souvenait même pas de l'avoir jamais sue ! Certainement il y avait là quelque mystère, et c'est à quoi le poète rêvait sans trêve, avec une amère mélancolie — ô tristesse de poèmes interrompus ! — sur la lisière des bois, près des sources claires, où c'est la coutume des fées de venir danser en rond, le soir, au clair des étoiles.

IV

Or, une fois qu'il rêvait sous les branches, la méchante Fée voleuse l'aperçut et l'aima. On n'est point fée pour se gêner en tout : plus vite qu'un papillon ne baise une rose, elle lui mit ses lèvres aux lèvres ! et le poète, si occupé qu'il fût de son ode, ne laissa point de trouver exquise cette caresse. Dans les profondeurs de la terre s'ouvrent des grottes de diamants bleus et roses, s'épanouissent des jardins de lys lumineux comme des étoiles ; c'est là qu'en un char d'or attelé de taupes ailées qui fendaient le sol en volant, furent entraînés le poète et la Fée, et très longtemps ils s'y aimèrent, oublieux de tout ce qui n'était pas leurs baisers et leurs sourires. S'ils cessaient un instant d'avoir leurs bouches unies ou dé se regarder dans les yeux, c'était pour prendre plaisir aux plus aimables divertissements : des gnomes habillés de satin zinzolin, des formoses vêtues de la brume des lacs, formaient devant eux des danses que rythmaient d'invisibles orchestres, tandis que, dans des corbeilles de rubis, des mains volantes, qui n'avaient point de bras, leur présentaient des fruits de neige, parfumés comme une rose blanche et comme un sein de vierge ; ou bien, pour lui plaire, il lui récitait, en pinçant les cordes d'un théorbe, les plus beaux vers que l'on puisse imaginer. Toute fée qu'elle était, elle n'avait jamais connu de joie comparable à celle d'être chantée par ce beau jeune homme qui inventait chaque jour de nouvelles chansons, et elle se mourait de tendresse à sentir, quand il se taisait, le souffle d'une bouche toute proche lui courir dans les cheveux. Et c'était, après tant de jours de bonheur, des jours de bonheur, sans cesse. Cependant, elle avait quelquefois des rêveries moroses, la joue sur une main, les cheveux lui tombant en ruisseau d'or jusqu'aux hanches. « O reine ! qu'est-ce donc qui t'attriste, et que peux-tu désirer encore, au milieu de nos plaisirs, toi qui es toute-puissante, toi qui es belle ? » Elle ne répondit pas d'abord. Mais, comme il insistait : « Hélas ! soupira-t-elle, — on finit toujours par souffrir du mal que l'on a fait, — hélas ! je suis triste parce que jamais tu ne m'as dit : Je vous aime. » Il ne prononça point la parole, mais il poussa un cri de joie, d'avoir retrouvé la fin de son poème ! La Fée voulut en vain le retenir dans les grottes de diamants bleus et roses, dans les jardins de lys lumineux comme des étoiles : il revint sur la terre, acheva, écrivit, publia l'ode où les hommes et les femmes du triste pays retrouvèrent à leur tour les divins mots perdus. Si bien qu'il y eut, comme autrefois, des rendez-vous dans les venelles, de tendres causeries aux fenêtres conjugales. C'est à cause des vers que les baisers sont doux, et les amoureux ne se disent rien que les poètes n'aient chanté.

LA MEMOIRE DU CŒUR

LA MÉMOIRE DU CŒUR

I

Le royaume était dans la désolation, parce que le jeune roi, depuis qu'il était devenu veuf, ne s'occupait plus du tout des affaires de l'État, passait les jours et les nuits à pleurer devant un portrait de la chère défunte. Ce portrait, il l'avait fait lui-même, autrefois, ayant appris à peindre tout exprès; car il n'y a rien de plus cruel pour un amant ou un époux vraiment épris, que de laisser à un autre le soin de reproduire la beauté de la bien-aimée; les artistes ont une façon de regarder de près leurs modèles, qui ne saurait plaire à un jaloux; ils ne mettent pas sur la toile tout ce qu'ils ont vu ; il doit leur en rester quelque chose dans les yeux, dans le cœur aussi. Et ce portrait, maintenant, était la seule consolation du jeune roi; il ne pouvait retenir ses larmes en le considérant, mais il n'aurait pas échangé, contre la douceur des plus heureux sourires, l'amertume de ces pleurs. C'était en vain que ses ministres venaient lui dire : « Sire, nous avons reçu des nouvelles inquiétantes : le nouveau roi d'Ormuz lève une armée innombrable pour envahir vos États »; il feignait de ne pas entendre, les regards toujours fixés sur l'image adorée. Un jour, il entra dans une grande colère et faillit tuer un de ses chambellans, celui-ci s'étant hasardé à insinuer que les douleurs les plus légitimes ne doivent pas être éternelles, que son maître ferait bien de songer à se marier avec quelque jeune fille, nièce d'empereur ou fille de paysan, n'importe. « Monstre! s'écria l'inconsolable veuf, oses-tu bien me donner un si lâche conseil? Tu veux que je sois infidèle à la plus aimable des reines? Ote-toi de mes yeux, ou tu périras de ma propre main. Mais, avant de sortir, apprends, pour le répéter à tous, que jamais une femme ne s'assoira sur mon trône et ne dormira dans mon lit, à moins d'être de tout point semblable à celle que j'ai perdue! » Et il savait bien qu'en parlant ainsi, il ne s'engageait guère. Telle qu'elle revivait en son cadre d'or, — hélas! morte, pourtant! — la reine était si parfaitement belle que, par toute la terre, on n'aurait pu trouver sa pareille. Brune, avec de longs cheveux souples qui s'écoulaient comme de l'ébène liquide, le front un peu haut, d'ivoire couleur d'ambre, les yeux profonds, d'un noir de nuit, la bouche bien ouverte par un sourire où luisaient toutes les dents, elle défiait les comparaisons, les ressemblances, et même une princesse qui aurait reçu dans son berceau les plus précieux dons de toutes les bonnes fées, n'aurait pu avoir d'aussi beaux cheveux sombres, d'aussi profonds yeux bruns, ni ce front, ni cette bouche.

II

Beaucoup de mois s'écoulèrent, — plus d'une année, — sans apporter aucun heureux changement au triste état des choses. On recevait d'Ormuz des nouvelles de plus en plus alarmantes; le roi ne daignait pas prendre garde au danger grandissant. Il est vrai que les ministres percevaient les impôts en son nom; mais, comme ils en gardaient l'argent au lieu de l'employer à équiper des soldats, le pays ne manquerait pas d'être ravagé, après avoir payé pour ne pas l'être. De sorte qu'il y avait tout le jour, devant le palais, des groupes de gens, qui venaient supplier et se plaindre.

L'amoureux de la morte ne sortait point de sa mélancolie; il n'avait d'attention que pour le charme silencieux du portrait. Une fois, cependant, — c'était à l'heure où l'aube teint de rose et de bleu les vitres, — il se tourna vers la croisée, écoutant une chanson qui passait, une chanson grêle et frêle, jolie et matinale comme un tireli d'alouette. Il fit quelques pas, étonné, colla le front à la vitre, regarda. Il eut peine à retenir un cri d'aise! il n'avait jamais rien vu d'aussi charmant que cette petite bergère menant aux champs son troupeau de moutons. Elle était blonde au point que ses cheveux doraient le soleil plutôt qu'ils n'en étaient dorés. Elle avait le front un peu bas, rose comme les jeunes roses, les yeux clairs, d'une clarté d'aurore, et sa bouche riait si étroite que, même ouverte par la chanson, elle laissait voir à peine cinq ou six petites perles. Mais le roi, tout charmé qu'il fût, se déroba à ce spectacle, mettant ses mains sur ses paupières closes, et, tout honteux de s'être un instant détourné de la belle défunte, il revint vers le portrait, s'agenouilla, pleurant de douleur et de délice; il ne se souvenait plus du tout qu'une bergère avait passé, sous la fenêtre, en chantant. « Ah! tu es bien sûre, gémissait-il, que mon cœur en deuil t'appartient pour toujours, puisqu'il n'existe aucune femme qui te ressemble; et il faudrait, pour que je fisse une reine, que, d'un miroir où elle se serait éternisée, ton image sortît, vivante! »

III

Or, le lendemain, en admirant le portrait de la morte, il eut une suprise pénible. Il songea, il se dit : « Voilà qui est fort étrange. Il faut croire que cette salle est humide; l'air qu'on y respire n'est pas bon pour les peintures. Car, enfin, je me souviens parfaitement que les cheveux de ma reine n'étaient pas aussi sombres que je les vois. Non, certes, ils n'avaient pas cette noirceur d'ébène liquide. Ils s'ensoleillaient çà et là, je m'en souviens, couleur d'aurore, non de soir. » Il demanda ses pinceaux, sa palette, corrigea très vite le portrait qu'avait gâté l'air humide. « A la bonne heure! voilà bien la chevelure d'or léger que j'aimais si éperdument, que j'aimerai toujours. » Et, plein d'une amère joie, il renouvela, à genoux devant l'image maintenant pareille au cher modèle, ses serments d'éternelle constance. Mais, véritablement, quelque méchant génie devait se jouer de lui : trois jours s'étant passés, il fut obligé de reconnaître que le portrait avait encore subi des détériorations notables. Que voulait dire ceci ? Pourquoi ce front d'ivoire, couleur d'ambre, était-il si haut ? Il avait bonne mémoire, grâce à Dieu! il était sûr que la reine avait un petit front, rougissant et frais comme les jeunes églantines. En quelques coups de pinceau, il baissa la chevelure dorée, rosa le front, d'un rose clair. Et il se sentait le cœur plein d'une tendresse infinie pour le tableau restauré. Le jour suivant, ce fut pis encore! Il était évident que les yeux et la bouche du portrait venaient d'être changés par une volonté mystérieuse ou par quelque accident. Jamais la bien-aimée n'avait eu ces prunelles sombres, d'un noir de nuit, ni cette bouche trop ouverte, qui montrait presque toutes les dents. Ah! bien au contraire, le bleu matinal du ciel, où volette le tireli des alouettes, n'égalait pas en douceur l'azur des yeux dont elle regardait son ami; et, quand à ce qui était de sa bouche, elle était si étroite que, même ouverte pour une chanson ou pour un baiser, elle laissait voir à peine quelques mignonnes perles. Le jeune roi se sentit pris d'une violente colère contre ce portrait absurde, qui contredisait tant de chers souvenirs! S'il avait eu en son pouvoir l'exécrable enchanteur auquel cette transformation était due, — car il y avait ici, à coup sûr, quelque enchantement, — il se serait vengé de lui d'une façon terrible. Pour un peu, il aurait décroché, foulé aux pieds, la mensongère image! Il se calma cependant, songeant que le mal était réparable. Il se mit au travail; il peignait d'après ses fidèles souvenirs; et, quelques heures plus tard, il y eut sur la toile une jeune femme aux yeux bleus comme le lointain de l'aube, à la bouche si petite que, si elle eût été fleur, il y aurait pu tenir à peine deux ou trois gouttes de rosée. Et il regardait

sa reine, plein d'un douloureux ravissement.
« C'est elle ! Ah ! c'est bien elle ! » soupirait-
il. Si bien qu'il n'eut aucune objection à faire
le jour où le chambellan, — dont c'était la
coutume de regarder par le trou des serrures,
— lui conseilla de prendre pour épouse une
mignonne bergère qui passait tous les matins
devant le palais, en chantant une chanson;
car elle ressemblait de tout point, — un peu
plus jolie peut-être, — au portrait de la belle
reine.

LES TROIS BONNES FÉES

LES TROIS BONNES FÉES

Il y avait en ce temps-là trois fées, — elles se nommaient Abonde, Myrtile, Caricine, — qui étaient bonnes au-delà de ce qu'on peut concevoir. Elles ne prenaient plaisir qu'à venir en aide aux malheureux, et c'était à quoi elles employaient toute leur puissance. Rien ne pouvait les décider à se mêler aux jeux de leurs pareilles sous les clairs de lune de la forêt de Brocéliande, ni à s'asseoir dans la salle des festins, où des sylphes-échansons versent des gouttes de rosée dans des calices de lys, — au dire de Thomas-le-Rimeur, il n'est pas de boisson plus agréable, — si elles n'avaient d'abord consolé beaucoup de douleurs humaines; et elles avaient l'ouïe tellement fine, qu'elles entendaient, même de loin, se serrer les cœurs et couler les larmes. Abonde, qui visitait de préférence les faubourgs des grandes villes, apparaissait tout à coup dans les pauvres logis, soit en cassant le carreau de la lucarne — mais il était vite remplacé par un carreau de diamant, sans qu'il fût besoin d'appeler le vitrier, — soit en se faisant un corps de la fumée du fourneau à demi éteint; prise de pitié à la vue de ces mansardes où grelottaient, mourant de faim, de misérables familles sans travail, elle avait tôt fait de les transformer en de somptueuses demeures, bien garnies de beaux meubles, de garde-manger pleins de victuailles, de coffres pleins de monnaies d'or. Non moins charitable, Myrtile fréquentait surtout les gens des campagnes, qui se lamentent dans leurs chaumières quand la grêle a meurtri la promesse en fleur des vergers, et qui, entre la huche sans pain et l'armoire sans linge, se demandent s'ils ne feraient point sagement d'aller perdre leurs enfants dans les bois, n'ayant ni de quoi les nourrir ni de quoi les vêtir ; elle réussissait facilement à leur rendre courage, leur offrant des talismans, leur conseillant de faire des vœux qui ne manquaient jamais d'être accomplis ; et tel qui, trois moments auparavant, n'aurait pas eu de quoi faire l'aumône à un rouge-gorge cognant du bec à la vitre, se trouvait riche bourgeois dans une maison approvisionnée de tout, ou puissant monarque dans un palais de porphyre et de pierreries. Quant à Caricine, c'étaient les chagrins des amoureux qui l'émouvaient plus que toute peine ; elle rendait fidèles les coquettes et les inconstants, faisait s'attendrir les parents avares qui refusent de consentir au bonheur de leurs enfants ; et, lorsqu'elle apprenait qu'un vieux mendiant des chemins était épris de la fille d'un roi, elle le métamorphosait en un prince beau comme le jour afin qu'il pût épouser sa bien-aimée. De sorte que, si les choses avaient longtemps duré ainsi, il n'y aurait plus eu de misères ni de chagrins dans le monde grâce aux trois bonnes fées.

Cela n'aurait pas fait le compte d'un très cruel enchanteur qui était animé, à l'égard des hommes et des femmes, des plus mauvais sentiments : la seule idée que l'on cesserait de souffrir et de pleurer sur la terre lui causait un tourment insupportable ; il se sentait donc plein de courroux contre ces excellentes fées, — ne sachant laquelle des trois il détestait davantage, — et il résolut de les mettre hors d'état de faire, selon leur coutume, le bonheur des malheureux. Rien ne lui était plus facile, à cause du grand pouvoir qu'il avait.

Il les fit comparaître devant lui, puis, fronçant le sourcil, leur annonça qu'elles seraient privées, pour beaucoup de siècles, de leur féerique puissance ; ajoutant qu'il ne tiendrait qu'à lui de les transformer en de vilaines bêtes malfaisantes ou en des objets sans pensée, tels que marbres, troncs d'arbres, ruisseaux des bois, mais qu'il daignait, par miséricorde, leur permettre de choisir les formes sous lesquelles elles passeraient leur temps de pénitence.

On ne saurait se faire une idée du chagrin

qu'éprouvèrent les bonnes fées ! Ce n'était pas
qu'elles fussent tristes outre mesure de perdre leurs gloires et leurs privilèges ; cela leur
coûterait peu de renoncer aux danses dans la
forêt de Brocéliande et aux fêtes dans les palais
souterrains où s'allument des soleils de rubis ;
ce qui les navrait, c'était que, déchues, elles
ne pourraient plus secourir les misérables.
« Quoi ! pensait Abonde, des hommes, des
femmes mourront de froid et de faim dans les
mansardes des faubourgs et je ne les consolerai plus ! » Myrtile se disait : « Que deviendront, dans leurs chaumières, les paysans, et
les paysannes, quand les averses de grêle
auront cassé les branches des pommiers
fleuris ? Combien de petits enfants pleureront
abandonnés dans les broussailles sans chemin,
n'apercevant d'autre clarté pendant que le
loup les guette, que la lampe allumée, au loin,
par la femme de l'ogre ! » Et Caricine, toute
sanglotante : « Que d'amoureux vont souffrir !
songeait-elle. Justement, j'étais informée qu'un
pauvre petit chanteur des rues, sans maison
ni famille, languit de tendresse pour la prin-

cesse de Trébizonde. Hélas ! Il ne l'épousera donc point ? » Et, toutes trois, les bonnes fées se désolèrent, longtemps, longtemps, comme souffrant toutes les douleurs dont elles ne feraient pas des joies, comme versant toutes les larmes qu'elles ne pourraient pas essuyer.

A vrai dire, elles avaient, dans leur désespoir, une petite consolation. Il leur était permis de désigner les apparences sous lesquelles elles vivraient parmi les humains; leur bonté, grâce à un heureux choix, trouverait peut-être encore le moyen de s'exercer. Quoique réduites à l'impuissance des personnes mortelles ou des choses périssables, elles ne seraient pas tout à fait inutiles aux pauvres gens. Elles se mirent donc à réfléchir, se demandant ce qu'il valait mieux être pour ne pas cesser d'être secourable. Abonde, qui se rappelait les pauvretés des faubourgs, conçut d'abord le désir de se voir muée en une riche personne qui répand les aumônes sans compter; puis songeant aux fourneaux qui s'éteignent, aux grabats sans couvertures, il ne lui aurait pas déplu de devenir une flamme réchauffante, un bon lit où se reposeraient les travailleurs harassés. Myrtile rêvait d'être une reine qui ferait des chambellans chamarrés de tous les laboureurs vêtus de loques, ou le rayon qui écarte les mauvais nuages, ou la bûcheronne qui ramène au logis les enfants égarés. Quant à Caricine, dans son dessein d'être douce aux cœurs, elle eût volontiers consenti à être changée en une belle épouse, fidèle, sincère, ayant pour seul souci le bonheur de l'époux, ou en une timide et aimante fiancée. Puis, d'autres pensées leur venaient, et elles hésitaient, comparant les avantages des diverses métamorphoses.

Cependant l'Enchanteur cria :

— Eh bien ! êtes-vous résolues ? Voilà trop longtemps que vous réfléchissez, et je n'ai pas de temps à perdre. Que désirez-vous être ? Allons, il le faut, parlez vite.

Il y eut encore un long silence ; mais, enfin :

— Que je sois donc, dit Abonde, le vin que l'on boit dans les cabarets des faubourgs ! Car, mieux que le pain de l'aumône et la tiédeur des poêles, et le repos dans un lit, l'ivresse consolatrice charme les corps et les cœurs las.

— Que je sois, dit Myrtile, les cordes du violon d'un vieux ménétrier ! Car, bien plus que des habits dorés remplaçant des haillons, et que la fuite des nuages menaçants, et que le retour au logis des enfants perdus, la chanson qui fait danser est bonne aux misérables.

— Que je sois, dit Caricine, la belle fille bohème des carrefours, qui offre aux passants son rire et ses baisers ! Car, c'est dans le libre amour, fou, changeant, hasardeux, sans déceptions ni regrets, que l'homme oublie l'ennui ou le désespoir de vivre.

Depuis ce temps, Abonde rit dans les verres pleins sur la table des cabarets, et Myrtile fait danser les noces paysannes sous les arbres de la grande place ou dans la cour des auberges ; elles sont heureuses, les bonnes fées déchues, de la joie qu'elles donnent, mais jalouses aussi, jalouses de Caricine, parce qu'elles savent bien que c'est elle qui fait la meilleure charité.

LE RAMASSEUR DE BONNETS

LE RAMASSEUR DE BONNETS

Je suis en mesure de donner des nouvelles de Puck aux personnes curieuses de savoir ce qu'il est devenu depuis qu'il quitta la forêt près d'Athènes. On supposait généralement, — et j'étais moi-même enclin à cette erreur, — que, puni pour une espièglerie un peu trop hasardeuse, il languissait exilé dans un verger des îles d'Avalon ; des gens qui se prétendaient bien informés racontaient qu'il avait commis l'imprudence de s'endormir, un soir, dans une rose amoureuse, et que la rose, s'étant fermée, ne s'était plus rouverte. D'autres bavards répandaient d'autres histoires. Tout le monde se trompait. La vérité, c'est que le compagnon de Fleur-des-Pois et de Grain-de-Moutarde n'a jamais cessé de vivre parmi les hommes ; je l'ai rencontré, un matin de printemps, dans une venelle d'aubépines, suspendu, comme un gymnaste au trapèze, à un fil tremblant d'araignée. Mais il s'est rendu assez différent du Robin Bonenfant de jadis ; ce n'est plus lui qui hennit comme une pouliche coquette pour tromper un cheval gras et nourri de fèves ; ce n'est plus lui qui s'insinue dans la tasse d'une commère sous la forme exacte d'une pomme cuite, ou qui, s'offrant pour escabeau à une grasse matrone, se retire tout à coup, de sorte qu'elle tombe sur son derrière aux grands éclats de rire de l'assemblée. Non, Puck a des soins plus sérieux à présent ; il exerce une fonction grave ; il est, — de son état, — ramasseur de bonnets de l'autre côté des moulins !

D'abord, l'aveu de cette profession, assez étrange en apparence, ne laissa pas de me surprendre ; je fus tenté de croire que Robin m'en voulait donner. On sait qu'il n'a pas de

plus grand plaisir que de bafouer les gens ; il
ne faut pas toujours s'en fier à sa parole. Mais,
après réflexion, je fus contraint d'admettre
qu'un tel métier pouvait exister ; même il serait tout à fait inexplicable qu'il n'existât
point. Car, enfin, en vous promenant derrière
les moulins, ou dans les sentiers environnants,
avez-vous jamais vu des bonnets, répondez-
moi ? Non, vous n'en avez jamais vu. J'entends :
par terre. Pour ce qui est d'en apercevoir sur
les cheveux bruns ou roux, ébouriffés, des
belles filles qui passent, il n'y a rien de plus
fréquent, grâce à Dieu. Mais des bonnets tombés sur l'herbe, ou accrochés aux branches,
on n'en remarque point. Il est cependant avéré
qu'il s'en envole chaque jour, — et chaque
nuit, — un nombre considérable, et l'on mar-
cherait à tout instant sur des ruches, des dentelles, des blondes, — comme un méchant
oiseleur piétinerait des colombes, — si quelqu'un ne ramassait pas les bonnets ! Vraiment,
je fus très penaud de n'avoir pas pensé depuis
longtemps à la nécessité de cette fonction ; je
l'aurais peut-être sollicitée, — bien qu'il doive

y avoir quelque chose de pénible, d'humiliant aussi, à constater la chute de tant de pudeurs et d'innocences, lorsqu'on n'y a été pour rien. Le charmant, ce n'est pas de ramasser un bonnet après qu'il a fait sa culbute d'oiseau blessé, c'est d'en dénouer les brides. D'ailleurs, les regrets n'eussent pas servi à grand'chose, puisque Puck était en place et ne montrait aucune envie de donner sa démission malgré les grandes peines qu'il était obligé de prendre.

— On ne saurait s'imaginer, me dit-il, combien est assujettissant l'emploi qui me fut confié. Je ne trouve plus le temps de bavarder près des sources avec les fauvettes des roseaux, ni de rire avec les ruisselets caillouteux, ni de guerroyer contre les scarabées pour leur voler l'émail de leurs ailes, dont on se ferait une si belle cuirasse ; dès que je commence à délacer le corset vert des roses en bouton, mon devoir m'oblige à courir de-ci de-là, et les jeunes roses me gardent rancune de n'avoir été déshabillées qu'à moitié, étant comme les femmes, qui veulent absolument qu'on achève tout ce que l'on a entrepris. Ah! il est fort heureux qu'il me suffise du quart d'un tiers de seconde pour voler d'un bout de la terre à l'autre bout, car, presque à la fois, dans tous les pays, des bonnets s'envolent et se posent. Depuis quelque temps surtout, je ne sais, en vérité, où donner de la tête. Une neige de coiffes bat de l'aile par-dessus les moulins, palpite, hésite, choit. Avant-hier, je fus comme enseveli sous la légère avalanche. Je ramassais vingt bonnets, il en tombait mille, et il en tombait d'autres, toujours ! J'ai pensé étouffer. Mais une telle mort ne m'eût pas déplu, parmi les rubans, les batistes et les malines, à cause de cette odeur de cheveux et de nuques, si grisante, que tu sais bien.

— Mais, Robin, dis-je à Puck, il y a une chose que je ne m'explique pas. Tu ramasses les bonnets, à la bonne heure ; une fois ramassés, où les mets-tu ? Si tu as coutume de les ranger sur des tablettes ou dans des tiroirs, comme font les bonnes ménagères, il faut que tu aies un bien grand nombre d'armoires ou de commodes.

Puck éclata de rire.

— Trois millions d'ébénistes, travaillant pendant trois millions d'années, ne suffiraient pas à faire assez de commodes et d'armoires pour que l'on pût, même en les serrant beaucoup, ranger tous les bonnets jetés par-dessus les moulins ! Viens avec moi, tu verras une chose qui ne manquera pas de t'intéresser.

Quand on voyage avec Puck, on voyage très vite ; une belle-de-nuit ne se serait ouverte qu'à demi pendant le temps que nous employâmes à nous rendre, de la venelle où nous étions, dans un étrange et vaste jardin, si vaste que vous l'auriez cru à peine moins grand que toute la terre. Et ce jardin, plein d'innombrables arbustes entrelacés, avait pour jacinthes, pour roses, pour camélias, pour œillets, d'adorables petits bonnets qui frémissaient au vent. Il faisait venir l'idée d'un immense Eden qui serait une boutique de modistes. Je voyais, accrochés à des aubépines, des bonnets de toile, sans rubans ni fleurs ; bonnets de pauvres filles, qui s'étaient envolés, un jour de moisson, après un faux pas derrière une meule de

blé. Il y avait des bonnets de guipure, des
bonnets de valenciennes, fleurant le white-
rose et l'opoponax ; des bonnets qui étaient
des coiffures de nonnes, et gardaient, avec une
odeur d'encens, une ressemblance de lys ; il
y avait aussi, plus impossibles à nombrer que
les étoiles du ciel et les grains de sable de
Nubie, des bonnets qui, au lieu d'être des
bonnets, étaient des chapeaux, des voilettes,
des corsets, des jupes, des chemises ! Car le
respect d'une proverbiale métaphore a des
bornes après tout ; on ne peut exiger des
jeunes personnes qui veulent jeter leur bonnet
par-dessus les moulins, qu'elles aient toujours
un bonnet à leur portée ; on jette ce qu'on
peut. Cependant, l'âme attendrie, je songeais
à tant de baisers donnés et reçus dans les
bois, dans les ruelles, dans les cloîtres, dans les
boudoirs, et j'admirais la Femme et l'Homme,
toute l'aimante humanité.

— Oui, reprit Puck, ce jardin est agréable ;
on éprouve quelque satisfaction à se promener
dans ces allées ; c'est une heureuse imagi-
nation que j'ai eue d'accrocher aux arbris-

seaux, chaque matin, les bonnets de la veille.

— De la veille? m'écriai-je, stupéfait. Tu ne veux pas dire, je pense, que tu me montres ici ta récolte d'un seul jour?

— Mais si, je veux le dire, et je le dis. Dès que l'aube se lève, je remplace par des bonnets nouveaux les bonnets anciens. La journée d'hier, relativement, n'a pas été très bonne.

O joie! ô orgueil! ô infini de l'amour! Combien de cœurs échangés! combien d'âmes qui se mêlent! combien de bouches sur des bouches! Ah! que les Dieux sont bons!

Je dis à Puck, quand je fus revenu de mon extase :

— En ce cas, tu me dois une explication encore. Les bonnets d'hier, d'avant-hier, de jadis, de toujours, où les mets-tu, Robin Bon-enfant?

— Où je les mets? partout! et, bientôt, il n'y aura plus de place.

Il continua, en s'amusant à faire grimper une coccinelle sur le petit doigt de sa main gauche :

— J'en fais d'autres bonnets pour les ingé-

nues au cœur encore introublé, et ceux-là me
reviennent vite, sachant déjà le chemin. J'en
fais des chemises de noces et des draps de lit
nuptial, pour les amoureuses qui sanctifient
leur péché en devenant épouses. J'en fais des
robes de bal qui conseillent, par leur frôle-
ment, les abandons de la valse, des rideaux
pour les alcôves, et, j'en fais aussi, — car je
ne sais où les fourrer, — des nappes de festin
et des nappes d'autel. Mais il ne suffirait pas,
pour les employer tous, d'en vêtir toutes les
femmes et tous les hommes, d'en parer tous
les appartements, d'en orner tous les temples.
Je les mêle à la nature, pour m'en débarras-
ser. Grâce à moi, ils fleurissent en églantines,
s'éparpillent en giboulées, s'égouttent en rosée matinale, s'effiloquent en fils de la Vierge ;
je les déchire en papillons qui aiment les
roses, se souvenant des lèvres ; l'oiseau s'en
sert pour que son nid soit plus doux ; leur
mousseline frissonne dans les buées du matin,
glissant sur les prairies; ce sont leurs pâles
rubans qui se déroulent dans l'interminable
longueur des grandes routes plates, leurs ru-

bans bleus ou verts qui se prolongent dans le lisse éloignement des fleuves ; quand il neige, quelqu'un qui saurait les choses reconnaîtrait leur blancheur dans les légers flocons. De sorte que vous vivez, vous autres hommes, sans le savoir, au milieu de tant de bonnets devenus fleurs, averse de grésil, aiguail, papillons, mousses des nids, brouillards lointains, eau fuyante, et neige lente aussi ! Et, quand j'ai fini d'en emplir l'univers terrestre, j'en emplis le ciel, de ces bonnets. Ils sont l'aurore, — ceux des fillettes, — le crépuscule du soir, — ceux des vieilles filles, qui tardèrent longtemps ; ils sont le rose et l'azur des profondeurs mystérieuses ; ils brûlent dans le soleil, pâlissent dans la lune, voyagent avec les comètes, flamboyent en météores ; et c'est des bonnets jetés par-dessus les moulins, — blancheurs éparses et fourmillantes, — qu'est faite la Voie lactée !

LES TROIS SEMEURS

LES TROIS SEMEURS

Trois jeunes compagnons s'en allaient à travers le monde. Comme c'était l'hiver, il pleuvait, ventait, neigeait sur tout le pays environnant; mais la route où ils passaient se dorait de soleil, et les touffes d'aubépines fleuries secouaient, à chaque souffle de la brise, des envolées de papillons et d'abeilles, parce que c'étaient des enfants de seize ans; pour que le printemps rie autour des voyageurs, il suffit qu'ils l'aient en eux; au contraire, si un vieillard entre dans un jardin d'avril, par une rose matinée, le jour s'éteint, le ciel se voile, les églantines blanches sont de petits flocons de neige.

Donc, ils s'en allaient sans savoir où, et c'est la meilleure façon de suivre son chemin. L'un se nommait Honorat, et l'autre Chrysor ; le plus jeune avait nom Aloys. Ils étaient beaux, tous trois, avec leurs cheveux en boucles, que débouclait le vent, avec la fraîche santé de leurs joues et de leurs bouches. Les voyant marcher sur la route ensoleillée, vous auriez eu peine à faire quelque différence entre eux ; pourtant Honorat avait l'air plus hautain, Chrysor l'air plus sournois, Aloys l'air plus timide. Ce qu'ils semblaient au dehors, ils l'étaient au dedans. Le corps n'est que la doublure de l'âme, mais les hommes ont la mauvaise habitude de porter à l'envers leur naturel habit. Honorat, dans ses chimères, ne pouvait s'empêcher de penser qu'il était le fils de quelque puissant roi! Client affamé de l'auberge Hasard, mangeant les croûtes de pain que jette par la fenêtre la satiété des gens riches, buvant l'eau des sources dans le creux de sa main, dormant sous l'auvent des granges, n'importe, il se voyait enveloppé de somptuosités et de gloires; ce qu'il rêvait, c'étaient des courtisans éblouissants de chamarrures, qui s'agenouillaient dans la salle du trône, entre des colonnades de jaspe ou de porphyre; et, par une grande porte ouverte à deux battants, entraient des ambassadeurs accourus des contrées les plus lointaines, tandis que, derrière eux, des esclaves africains, vêtus de satin rouge, portaient des coffres où s'entassaient, merveilleuses et charmantes, pierreries, perles fines, étoffes de soie et de brocart, les humbles redevances de l'empereur de Trébizonde et du roi de Sirinagor; ou bien il s'imaginait qu'il menait à la victoire d'innombrables armées, qu'il enfonçait, l'épée au soleil, les masses en déroute des troupes ennemies, et que ses peuples le portaient en triomphe sous des arcs décorés de bannières claquantes où battaient les ailes de la gloire! Chrysor, lui, songeait des songes moins épiques. Des monnaies, beaucoup de monnaies, des monnaies toujours, d'argent et d'or, d'or surtout, et des diamants sans nombre dont un seul valait tous les trésors du plus riche des monarques, voilà ce qui étincelait sous ses yeux, ce qui ruisselait entre ses doigts, à l'heure même où il tendait aux passants sa main contente de recevoir un sou de cuivre; si on l'eût placé entre deux portes, celle du paradis et celle d'un coffre-fort, ce n'est pas la porte du paradis qu'il eût ouverte. Quant au petit Aloys, — plus joli et plus frêle que ses compagnons, — il ne s'inquiétait aucunement des palais, des courtisans, des ambassadeurs, ni des armées ; à une table chargée d'or, il eût préféré un coin de prairie en fleurs. Avec son air d'adolescent, d'adolescente même, il baissait volontiers ses yeux attentifs aux coccinelles qui escaladent les brins d'herbe, ne les levait que pour admirer à l'horizon la rougeur des juvéniles aurores, ou celle des couchants pensifs. La seule joie qu'il désirât, — et il l'avait, — c'était de chanter en marchant la chanson qu'il avait faite la veille, une chanson aux belles rimes, que les oiseaux approuvaient, dans les buissons de la route, en reprenant le refrain. De sorte que si, le soir, dans le clair silence des étoiles, s'éveillait, grandissait, mourait un de ces bruits qui sont les soupirs de la nature endormie, « n'est-ce pas l'écho d'une sonnerie de trompette? » demandait Honorat; « n'est-ce pas, disait Chrysor, le son lointain d'une pièce d'or qui a roulé d'un tiroir? » mais Aloys murmurait : « Je pense que c'est le petit gazouillis d'un nid qui se rendort. »

Or une vieille femme, un jour, les vit venir tandis que, dans un maigre champ, elle creusait de sa bêche de tout petits sillons pour y semer des graines. Elle était si vieille et si loqueteuse que vous l'auriez prise pour un très ancien siècle habillé de chiffons; et son antiquité se compliquait de laideur. Un œil crevé, tout jaune, l'autre à demi couvert d'une taie, trois touffes de cheveux gris se recroquevillant hors d'un foulard de sale cotonnade, la peau rouge, avec des verrues, et ses lèvres faisant flic! flac! faute de dents, chaque fois qu'elle aspirait l'air, elle était faite à souhait pour le désespoir des yeux; celui qui eût passé devant elle, aurait pressé le pas, dévoré du besoin de voir une belle fille ou une rose. Mais qui donc assumerait la tâche d'écrire des contes de fées s'il n'avait le droit de transformer, au cours de ses récits, les plus hideuses personnes en jeunes dames éclatantes de beauté et de parure ? On sait bien que, dans nos histoires, plus l'on est repoussante, d'abord, plus on sera jolie, tout à l'heure. La séculaire sans-dents ne manqua point de se conformer à la poétique du bon Perrault et de madame d'Aulnoy. Quand les trois compagnons, — Honorat, Chrysor, Aloys — l'aperçurent au bord du fossé, elle s'était changée en la plus adorable fée que l'on puisse voir, et les volants de sa robe étaient si fleuris de fleurs de pierreries que les papillons voletaient à l'entour, croyant tous que le mois d'avril, dans ce maigre champ, s'était épanoui.

— Beaux enfants, arrêtez-vous, dit la fée. Je vous veux du bien parce que vous êtes jeunes, — ce qui est la plus charmante façon d'être bon, — et parce que vous prenez toujours garde, en marchant, de ne pas écraser les insectes qui traversent la venelle. Venez là, je vous le conseille, et faites vos semailles dans le sillon que j'ai creusé. Foi de bonne fée, ce vilain champ, plus fécond qu'il n'en a l'air, vous rendra au centuple tout ce que vous lui aurez donné.

Vous pensez si les voyageurs furent charmés de voir une aussi belle personne et d'entendre d'aussi obligeantes paroles; mais, en même temps, ils se trouvaient bien embarrassés, étant pauvres au point qu'ils n'avaient rien du tout à semer dans le féerique sillon.

— Hélas! madame, dit Honorat (après avoir pris conseil de Chrysor et d'Aloys), nous ne possédons aucune chose que nous souhaiterions nous voir rendue au centuple, sinon nos rêves, qui ne germeraient pas.

— Qu'en savez-vous? reprit-elle en écartant, d'un remuement de cheveux, un papillon qui lui frôlait l'oreille (et il avait cette excuse que c'était un œillet, cette oreille), qu'en savez-vous, enfants étourdis? Semez vos songes dans la terre ouverte, nous verrons bien ce qui poussera.

Alors Honorat, agenouillé, et la bouche vers le sillon, commença de conter ses chimères ambitieuses : les palais de porphyre et de jaspe où resplendissent les chamarrures des courtisans, et les ambassades entrant par la royale porte, et les nègres chargés de tributs, et les armées et les triomphes ! Il n'eut pas le loisir d'achever. Des cavaliers au galop se ruèrent dans la plaine, nombreux, cuirassés d'or, empanachés d'ailes d'aigles, et proclamant qu'ils cherchaient, pour le conduire dans son royaume, le fils du roi défunt. Dès qu'ils eurent aperçu Honorat : « C'est lui ! » s'écrièrent-ils, et, pleins de joie, ils emportèrent leur maître vers les belles demeures de marbre et les batailles et les trophées !

Ayant vu cela, Chrysor ne se fit point prier pour semer dans le sol ses désirs de richesse, son amour des vives monnaies sonnantes et des précieuses pierreries. Il avait à peine prononcé quelques mots que le creux se remplit d'or, d'argent, de diamants et de perles. Ivre de joie, il se jeta dessus, les empoigna, s'en remplit les poches, la bouche aussi, et s'enfuit, plus riche que les plus riches, cherchant quelque cachette sûre où enfouir ses trésors.

— Eh! bien, demanda la fée, à quoi pensez-vous, Aloys? Ne suivrez-vous pas l'exemple de vos compagnons?

Il ne répondit point d'abord, ayant à peine pris garde à ce qui se passait, occupé d'un mariage de myrtils dans un volubilis.

— Eh! dit-il enfin, je ne désire rien, sinon d'écouter les rossignols qui se plaignent, le soir, et les cigales qui crient dans le chaud midi. Tout ce que je pourrais faire, ce serait de chanter vers le sillon l'épithalame que j'ai fait hier pour l'hymen de deux fauvettes.

— Chante-le! répliqua la fée; cette semaille en vaut bien une autre.

Comme il commençait la seconde strophe, une belle jeune femme à demi nue — si belle qu'aucun rêve d'amour ne l'eût souhaitée plus parfaite, — sortit de la terre entr'ouverte, et mettant ses deux bras, lianes pour l'enlacement et lys pour la blancheur, au cou de l'enfant ravi : « Oh! comme tu chantes bien! je t'aime! » lui dit-elle.

C'est ainsi que la bonne fée vint en aide aux trois enfants vagabonds qui suivaient, sans savoir vers où, la route ensoleillée. Mais, à peu de temps de là, il se produisit des événements terribles. Vaincu dans un combat, après des prodiges de courage, par des ennemis implacables, le roi Honorat fut obligé de quitter sa capitale et de se réfugier dans un cloître où on lui coupa les cheveux non sans lui avoir ôté sa couronne; les larrons, qui sont toujours aux aguets, finirent par découvrir la cachette où Chrysor-le-Riche avait enfoui ses trésors, et il en fut réduit, haillonneux, sur les chemins, à demander l'aumône à ses voleurs, qui ne la lui firent pas. Seul, Aloys ne cessa point d'être heureux, baisé du soir au matin, et du matin au soir, par la belle jeune femme dont les bras souples comme les lianes étaient blancs comme les lys; et elle lui fut fidèle, toujours, toujours, parce qu'il avait chanté dans le sillon féerique une chanson bien rimée!

LA
BELLE AU CŒUR DE NEIGE

LA
BELLE AU CŒUR DE NEIGE

I

Il y avait, dans un royaume, une princesse si belle que, de l'avis de tout le monde, on n'avait jamais rien vu d'aussi parfait sur la terre. C'était bien inutile qu'elle fût jolie, puisqu'elle ne voulait aimer personne. Malgré les prières de ses parents, elle refusait avec mépris tous les partis qu'on lui proposait; lorsque des neveux ou des fils d'empereurs venaient à la cour pour demander sa main, elle ne daignait même pas les regarder, si jeunes et si beaux qu'ils fussent; elle détournait la tête avec un air de mépris: « Vraiment, ce n'était pas la peine de me déranger pour si peu de chose! » Enfin, à cause de la froideur qu'elle montrait en toute occasion, cette princesse avait été surnommée « la Belle au cœur de neige ». Vainement sa nourrice, une vieille bonne femme, qui avait beaucoup d'expérience, lui disait, les larmes aux yeux: « Prends garde à ce que tu fais, ma fille! Ce n'est pas une chose honnête que de répondre par de mauvaises paroles aux gens qui nous aiment de tout leur cœur. Quoi! parmi tant de beaux jeunes hommes, si bien parés, qui brûlent de t'obtenir en mariage, il n'en est pas un seul pour lequel tu éprouves quelque tendre sentiment? Prends garde, te dis-je; les bonnes fées, par qui te fut accordée une beauté incomparable, s'irriteront, un jour ou l'autre, si tu continues à te montrer avare de leur présent; ce qu'elles t'ont donné, elles veulent que tu le donnes; plus tu vaux, plus tu dois; il faut mesurer l'aumône à la richesse. Que deviendrais-tu, mon enfant, si tes protectrices, courroucées par ton

indifférence, t'abandonnaient à la méchanceté
de certaines fées qui se réjouissent du mal, et
rôdent toujours, dans de mauvaises intentions,
autour des jeunes princesses? » La Belle au
cœur de neige ne tenait aucun compte de ces
bons conseils; elle haussait l'épaule, se regardait dans un miroir; et cela lui suffisait. Quant
au roi et à la reine, ils se montraient désolés
plus que l'on ne saurait dire, de l'indifférence
où s'obstinait leur fille; ils en vinrent à penser
qu'un mauvais génie l'avait maléficiée; ils
firent proclamer par des hérauts, dans tous les
pays du monde, qu'ils donneraient la princesse
elle-même à celui qui la délivrerait du Sort
dont elle était victime.

II

Or, vers le même temps, dans une grande forêt, il y avait un bûcheron, très hideux de sa personne, contrefait, et boiteux à cause du poids de sa bosse, qui était la terreur de tout le pays ; car, le plus souvent, il ne se bornait pas à bûcheronner les arbres ; embusqué dans quelque ravine, il attendait, la hache levée, le voyageur sans défiance, et lui tranchait le cou, aussi habilement que l'aurait pu faire le bourreau le plus expérimenté. Cela fait, il fouillait le cadavre, et, avec l'argent qu'il trouvait dans les poches, il achetait des vivres et du vin, dont il se gorgeait dans sa hutte en poussant de grands cris de joie. De sorte que ce méchant homme fut plus heureux que beaucoup d'honnêtes gens, tant qu'il passa des voyageurs dans sa forêt. Mais elle eut bientôt si mauvaise renommée que des gens même très hardis faisaient de longs détours plutôt que de la traverser; le bûcheron chôma. Durant quelques jours, il vécut tant bien que mal du reste de ses anciennes ripailles, rongeant les os, égouttant dans sa tasse le fond des bouteilles mal vidées. C'était un maigre régal pour un affamé et pour un ivrogne tel que lui. La rigueur de l'hiver mit le comble à son infortune. Dans son repaire, où soufflait le vent, où neigeaient les flocons, il mourait de froid, en même temps que de faim; quant à demander secours aux habitants du proche village, il n'y pouvait pas songer, à cause de la haine qu'il s'était attirée. Vous pensez : « Pourquoi ne faisait-il point de feu avec des fagots et des broussailles sèches? » Eh! parce que le bois, comme les feuilles, était si pénétré de gel, qu'il n'y avait pas moyen de l'allumer. On peut supposer aussi qu'afin de punir ce vilain homme, une volonté inconnue empêchait le feu de prendre. Quoi qu'il en soit, le bûcheron passait de fort tristes journées et de plus tristes nuits, près de sa huche vide, devant son foyer noir; le voyant grelottant et maigre, vous n'auriez pas manqué de le plaindre, si vous aviez ignoré combien il avait mérité sa misère par ses crimes.

Cependant quelqu'un eut pitié de lui. Ce fut une méchante fée, appelée Mélandrine. Comme elle se plaisait à voir le mal, il était naturel qu'elle aimât ceux qui le faisaient.

Une nuit donc, qu'il se désolait de plus belle, claquant des dents, l'onglée aux doigts, et qu'il eût vendu son âme, — qui, à vrai dire, ne valait pas grand'chose, — pour une flambée de sarment, Mélandrine se fit voir à lui, sortant de dessous terre; elle n'était point belle et blonde avec des guirlandes de fleurs dans les cheveux, elle ne portait pas une robe de brocart, resplendissante de pierreries; mais laide, chauve, bossue aussi, haillonneuse comme une pauvresse, vous l'auriez prise pour une vieille mendiante des chemins ; car, étant méchante, on ne peut pas paraître jolie, même quand on est fée.

— Ne te désespère pas, pauvre homme, dit-elle ; je veux te venir en aide. Suis-moi.

Un peu étonné de cette apparition, il marcha derrière Mélandrine jusqu'à une clairière où l'on voyait des amas de neige.

— Maintenant, allume du feu, reprit-elle.

— Eh ! madame, la neige ne brûle pas !

— C'est en quoi tu te trompes. Tiens, prends cette baguette en bois de cornouiller, que j'apportai pour toi ; il te suffira d'en toucher l'un de ces grands tas blancs, pour avoir le plus beau feu que l'on vît jamais.

Il fit comme elle avait dit. Jugez de son étonnement ! A peine la branche s'en était-elle approchée, que la neige se mit à flamber, comme si elle eût été, non de la neige, mais de l'ouate ; toute la clairière fut illuminée de flammes.

A partir de ce moment, le bûcheron, tout en continuant d'avoir faim, ne connut plus du moins la souffrance d'avoir froid ; dès qu'il avait un petit frisson, il faisait un tas de neige dans sa hutte ou sur le chemin, puis il le touchait de la baguette que lui avait laissée Mélandrine, et se chauffait devant un bon feu.

III

Quelques jours après cette aventure, il y avait une grande agitation dans la capitale du royaume voisin; la cour du palais était pleine de pertuisaniers qui faisaient sonner leurs hallebardes sur les dalles. Mais c'était surtout dans la salle du trône que l'émotion était grande : les plus puissants princes de la terre, avec beaucoup d'autres jeunes hommes, s'y étaient donné rendez-vous pour tenter, dans une lutte courtoise, d'émouvoir enfin la Belle au cœur de neige.

Le neveu de l'empereur de Trébizonde courba le genou.

— Je commande à plus d'hommes armés qu'il n'y a de feuilles dans toutes les forêts, et j'ai, dans mes coffres, plus de perles qu'il n'y a d'étoiles au ciel. Voulez-vous, ô princesse, régner sur mes peuples et vous parer de mes perles?

— Qu'a-t-il dit? demanda la princesse.

A son tour le fils du roi de Mataquin s'agenouilla.

— Quoique jeune encore, j'ai vaincu dans les tournois les plus illustres preux, et, d'un seul coup d'épée, j'ai tranché les cent têtes d'une tarasque qui dévorait tous les nouveau-nés et toutes les vierges de mon royaume. O princesse, voulez-vous partager ma gloire qui grandira encore?

— Il a parlé si bas, dit la princesse, que je ne l'ai pas entendu.

Et d'autres princes, après l'héritier de Trébizonde et l'héritier de Mataquin, vantèrent leur puissance, leur richesse, leur gloire; il vint ensuite, s'inclinant avec de tendres paroles, des poètes qui jouaient de la guitare comme un séraphin de la harpe, des chevaliers qui avaient défendu l'honneur des dames dans les plus périlleux combats, de jeunes pages aussi, tremblants, roses de pudeur, dont la lèvre frémissait dans l'espérance d'un baiser.

Mais la Belle au cœur de neige :

— Que veulent tous ces gens-là ? Qu'on les prie de sortir; je ne saurais endurer plus longtemps leur bavardage, et j'ai hâte d'être seule pour me regarder dans mon miroir.

— Ah! ma fille, ma fille, dit la nourrice, crains d'irriter les bonnes fées !

Alors s'avança un rustaud, très hideux de sa personne, contrefait, boiteux à cause du poids de sa bosse. Les courtisans, qui étaient au pied du trône, voulurent l'écarter, se moquant de ce paysan qui se mêlait de prétendre à la main d'une royale personne. Lui, cependant, continua d'approcher, et, d'une baguette qu'il avait dans la main, toucha le corsage de l'indifférente enfant. « Ah! que je l'aime! » s'écria-t-elle, sentant tout son être s'allumer et fondre en tendresse. Vous pensez l'émoi qui s'ensuivit ! Mais un roi n'a que sa parole; le père de la princesse dut la laisser aller avec le méchant bûcheron vers la forêt mal famée; elle y vécut fort malheureuse, car son amour ne l'aveuglait pas au point de lui cacher combien en était indigne celui qui l'avait inspiré; et ce fut le châtiment de la Belle au cœur de neige.

LES DEUX MARGUERITES

LES DEUX MARGUERITES

I

Lambert et Landry, qui n'étaient point heureux dans leur famille, étant fils de très pauvres gens, résolurent de s'en aller à travers le monde, afin de chercher fortune. Ce fut par une matinée de printemps qu'ils se mirent en chemin. Landry avait quinze ans. Lambert en avait seize; ils étaient donc bien jeunes pour vagabonder de la sorte; avec beaucoup d'espoir, ils avaient un peu d'inquiétude. Mais ils furent singulièrement réconfortés par une aventure qui leur échut dès le commencement du voyage.

Comme ils longeaient la lisière d'un petit bois, une dame vint à leur rencontre; elle était toute parée de fleurs; des boutons d'or et des pimprenelles riaient dans ses cheveux, les volubilis dont s'enguirlandait sa robe tombaient jusqu'à ses mignons souliers de mousse pareille à du velours vert; ses lèvres ressemblaient à une églantine, ses yeux à des bleuets. Chaque fois qu'elle bougeait, des papillons s'envolaient d'elle dans un éparpillement de rosée. Et il n'était pas surprenant qu'il en fût ainsi, puisque c'était la fée Primevère, que l'on voit, dès l'avril, passer avec une chanson dans les bois reverdis et par les prés refleurissants.

— Çà, dit-elle aux deux frères, puisque vous partez pour un long voyage, je veux faire à chacun de vous un don. Landry, reçois cette marguerite, et, toi, Lambert, une marguerite aussi. Il vous suffira d'arracher à ces fleurs un pétale et de le jeter au loin, pour éprouver à l'instant même une joie sans pareille, qui sera précisément celle que vous aurez désirée. Allez, suivez votre chemin, et tâchez de faire bon usage des présents de Primevère.

Ils remercièrent avec beaucoup de politesse cette obligeante fée, puis ils se remirent en route, aussi satisfaits que possible. Mais, arrivés en un carrefour, il y eut entre eux un désaccord : Lambert voulait aller à droite, Landry voulait aller à gauche; si bien qu'ils convinrent, pour finir la querelle, que l'un comme l'autre agirait à sa guise, et ils se séparèrent après s'être embrassés. Peut-être chaque frère n'était-il point fâché d'être seul afin d'user plus librement du don que lui avait fait la dame habillée en fleurs.

II

En entrant dans le prochain village, Landry aperçut une jeune fille accoudée à la fenêtre, et il eut peine à retenir un cri, tant elle lui paraissait jolie! Non, il n'avait jamais vu une aussi charmante personne; même il n'avait jamais rêvé qu'il pût en exister de pareille. Presque une enfant encore, avec des cheveux si légers et si blonds qu'on les distinguait à peine de l'air ensoleillé, elle avait le teint pâle ici et là un peu rougissant — lys au front, rose aux joues; ses yeux s'ouvraient comme une éclosion de pervenches où luirait une perle de pluie; il n'était pas de lèvres qui, près des siennes, n'eussent voulu être abeilles. Landry se garda bien d'hésiter! Il arracha, jeta au loin l'un des pétales de sa marguerite : le vent n'avait pas encore emporté le frêle débris, que l'enfant de la fenêtre était dans la rue, souriant au voyageur. Ils s'en allèrent vers le bois voisin, les mains unies, se parlant bas, se disant qu'ils s'aimaient; rien qu'à s'entendre, ils éprouvaient de telles délices, qu'ils se croyaient dans le paradis. Et ils connurent beaucoup de moments pareils à ce premier moment, beaucoup de jours aussi doux que ce premier jour. C'eût été le bonheur sans fin, si l'enfant n'avait trépassé un soir d'automne, pendant que les feuilles flétries, envolées dans la bise, heurtaient à petits coups les vitres, comme les doigts légers de la mort qui passe. Landry pleura pendant longtemps; mais les larmes n'aveuglent pas si bien que l'on ne puisse regarder au travers : une fois, il vit une belle passante, vêtue de satin d'or, les yeux hardis, la lèvre folle; et, jetant au vent un pétale encore, il partit avec elle. Dès lors, insoucieux, demandant à chaque heure d'être une joie et à chaque joie de ne durer qu'une heure, épris sans relâche de ce qui charme, affolé, extasié, il dépensa les jours et les nuits, sans compter, dans tous les rires et dans tous les baisers. La brise trouvait à peine le temps de remuer les branches des rosiers et de soulever les voilettes des femmes, étant toujours occupée à emporter les pétales de la marguerite.

III

La conduite de Lambert fut tout à fait différente. C'était un jeune garçon économe, incapable de gaspiller son trésor. Dès qu'il se trouva seul sur le chemin, il se fit à lui-même la promesse de ménager le présent de la fée. Car, enfin, si nombreux que fussent les fleurons de la corolle, un jour viendrait où il n'y en aurait plus, s'il les arrachait à tout propos. La prudence exigeait de les réserver pour l'avenir; en agissant de la sorte il se conformerait certainement aux intentions de Primevère. Dans la première ville où il passa, il acheta une petite boîte très solide, fermant à clé;

c'est là dedans qu'il mit la fleur, résolu à ne jamais la regarder; il voulait éviter les tentations. Il n'aurait pas commis la faute, lui, de lever les yeux vers les jeunes filles des fenêtres, ou de suivre les belles passantes, aux regards allumés, aux lèvres folles. Raisonnable, méthodique, s'inquiétant des choses sérieuses, il se fit marchand, gagna de grosses sommes. Il n'avait que du mépris pour ces étourdis qui passent le temps en fêtes, sans avoir souci du lendemain; quand l'occasion s'en présentait, il ne manquait pas de leur faire de belles semonces. Aussi était-il fort considéré par les honnêtes gens; on s'accordait à le louer, à l'offrir en exemple. Et il continuait de s'enrichir, travaillant du matin au soir. A vrai dire, il n'était pas heureux comme il eût voulu l'être; il songeait, malgré lui, aux joies qu'il se refusait. Il n'aurait eu qu'à ouvrir la petite boîte, qu'à jeter un pétale au vent, pour aimer, pour être aimé! Mais il refrénait tout de suite ces velléités dangereuses. Il avait le temps! Il connaîtrait la joie, plus tard. Il serait bien avancé, quand sa marguerite serait dépouillée? « Patience! ne nous pressons pas! » Il ne risquait rien à attendre, puisque la fleur était en sûreté, dans la boîte. La brise, en rôdant autour de lui, avait beau murmurer : « Jette-moi un pétale, jette, afin que je l'emporte et que tu souries ! » Il faisait la sourde oreille ; et le vent s'en allait remuer les branches des rosiers et taquiner sur la joue des jeunes femmes la dentelle des voilettes.

IV

Or, après beaucoup, beaucoup d'années, il arriva un jour que Lambert, en visitant ses propriétés, rencontra dans la campagne un homme assez mal vêtu qui longeait un champ de luzerne.

— Eh ! dit-il, que vois-je ? N'est-ce pas toi, Landry, mon frère ?

— C'est bien moi, répondit l'autre.

— Dans quel fâcheux état je te retrouve ! Tout me porte à croire que tu as fait un mauvais usage du don de Primevère.

— Hélas ! soupira Landry, j'ai peut-être jeté trop vite tous les pétales au vent. Pourtant, quoique un peu triste, je ne me repens pas de mon imprudence. J'ai eu tant de joies, mon frère !

— Cela te fait une belle jambe ! Si tu avais été aussi circonspect que moi, tu n'en serais pas réduit à de stériles regrets. Car, apprends-le, je n'ai qu'un geste à faire pour goûter tous les plaisirs dont tu es sevré.

— Est-il possible ?

— Sans doute, puisque j'ai gardé intact le présent de la fée. Ah ! ah ! je puis me donner du bon temps, si je veux. Voilà ce que c'est que d'avoir de l'économie.

— Quoi ! intact, vraiment ?

— Regarde plutôt, dit Lambert en ouvrant la boîte qu'il avait tirée de sa poche.

Mais il devint très pâle, car au lieu de la fraîche marguerite épanouie, il n'avait sous les yeux qu'un petit tas grisâtre de poussière, pareil à une pincée de cendre tumulaire.

— Oh ! s'écria-t-il avec rage, maudite soit la méchante fée qui s'est jouée de moi !

Alors, une jeune dame, toute habillée de fleurs, sortit d'un buisson de la route :

— Je ne me suis pas jouée de toi, dit-elle, ni de ton frère ; et il est temps de vous expliquer les choses. Les deux marguerités n'étaient pas des fleurs en effet, c'étaient vos jeunesses elles-mêmes ; ta jeunesse, Landry, que tu as jetée à tous les vents du caprice ; ta jeunesse, Lambert, que tu as laissée se flétrir, sans en faire usage, dans ton cœur toujours clos ; et tu n'as même pas ce qui reste à ton frère : le souvenir en fleur de l'avoir effeuillée !

L'ANGE BOITEUX

L'ANGE BOITEUX

Un matin qu'il se promenait, en été, sous la neige, — car, dans ce pays-là, il neige en plein été sous le tiède soleil, et les flocons, blancheur sans froideur, s'accrochent aux arbrisseaux en jasmins et en lys, — le fils du roi des Iles-Pâles vit par terre quelque chose de diamantin et d'argenté, de doucement frémissant comme une harpe que viennent de quitter les doigts de la musicienne. Plus petite, cette forme légère, emperlée de larmes d'aurore, aurait pu être l'aile d'une colombe, qu'arracha et laissa choir la serre d'un autour; mais, grande, avec un peu d'azur qui, sans doute d'avoir traversé les paradis, lui restait au bout des plumes, elle était l'aile d'un ange ; on ne pouvait s'y méprendre. Le fils de roi, à cette vue, se sentit tout alangui de mélancolie. Eh ! quoi, un divin messager, peut-être dans une bataille avec quelque ténébreux esprit, peut-être sous un coup de vent infernal, avait perdu l'une de ses ailes ? Avait-il commis l'imprudence de se poser, un soir, — se trompant de chambre, — près du lit trop parfumé d'une de ces cruelles amoureuses qui n'ont pas de plus cher plaisir que de meurtrir ce qui vole et de déplumer les illusions ? Il suffit souvent d'une caresse ou d'un souffle de femme pour qu'une aile tombe. Quoi qu'il en fût, il devait être fort en peine maintenant. Quelle humiliation et quelle tristesse pour lui, les soirs de ces bals où l'on danse avec les plus jolies des onze mille vierges, d'être raillé par ses frères célestes, pauvre maladroit, qui valse mal, étant boiteux. Boiteux ? certainement. Puisqu'ils sont, non des corps, mais des âmes avec des plumes, les anges ne boitent pas du pied, mais de l'aile. A cause de cette douleur probable, le prince des

Iles-Pâles songeait douloureusement. Il ne pouvait supporter l'idée, en sa compassion, d'un chérubin ou d'un séraphin pareil à un ramier blessé ; et, cette chose qu'il avait trouvée, si blanche, diamantine, argentée, et doucement frémissante, il résolut de la rendre à qui l'avait perdue. Mais c'était là un dessein plus facile à concevoir qu'à exécuter. Le moyen de trouver l'ange qui regrettait son aile? On n'entre pas comme on veut dans le paradisiaque séjour. Quant à faire afficher sur les murs des villes, dans tout le royaume, que celui des élohim à qui manquait un objet précieux le pourrait retrouver au palais du roi, c'eût été un inutile soin ; les anges n'ont pas coutume de se promener par les rues comme les badauds humains. De sorte que le jeune prince était fort perplexe. Il pensa qu'il ferait bien de consulter une petite fiancée qu'il avait par amour à l'insu de ses parents. Elle était la fille d'un bûcheron dans la forêt. L'aile sous le bras, il s'en alla la voir.

Il la rencontra sur la lisière du bois, un peu en avant de la chaumine où elle habitait.

— Ah ! chère âme, lui dit-il, c'est une triste nouvelle que j'apporte.

— Et laquelle, s'il vous plaît? demanda-t-elle.

— Un ange a perdu l'une de ses ailes blanches.

Elle rougit, mais elle ne parut pas surprise. On aurait dit qu'elle était déjà instruite de ce fâcheux événement; et, quand il eut ajouté : « Je suis bien décidé à la lui rendre », elle baissa les yeux, plus rougissante encore.

— Ma chère âme, reprit-il, vous seule pouvez me révéler comment je dois m'y prendre pour mener à bien mon entreprise. Vous êtes si jolie et si pure que tous les célestes esprits se donnent rendez-vous, le jour, dans vos pensées, et, la nuit, dans vos songes. Il est impossible que, les écoutant, vous n'ayez pas entendu parler de ce qui est arrivé à l'un d'eux.

— Hélas ! dit-elle, je suis au courant des choses autant qu'il est possible; c'est mon ange gardien, justement, qui a perdu l'une de ses ailes.

— En vérité? votre ange gardien? voilà une singulière rencontre. Apprenez-moi, je vous prie, comment ce malheur lui est advenu.

— Par votre faute, je vous assure! Vous vous souvenez de cette promenade que nous fîmes ensemble, l'autre soir, sous les citronniers où les étoiles tremblaient comme des fruits d'or?

— Comment l'aurais-je oubliée? C'est ce soir-là que vous permîtes à mes lèvres, pour la première fois, de toucher votre joue, et, depuis ce temps, j'ai la bouche parfumée comme si j'avais mangé des roses.

— Oui, ce soir-là, vous me donnâtes un baiser, mais, s'il me fut doux, il fut cruel à l'ange qui me suivait parmi les branches pour m'avertir et me défendre. L'une de ses ailes s'envola de lui, tandis que me frôlait votre caresse. C'est la loi des gardiens à qui le ciel confie les jeunes filles, d'être les premières victimes des péchés qu'elles font.

— Oh! la fâcheuse loi! Je m'imagine que votre ange, estropié, doit être fort marri.

— Plus que vous ne sauriez le croire! Penaud, chétif, incapable de retourner au ciel quand même il l'oserait, il se désole et pleure ; et j'ai le chagrin, la nuit, de ne pas rêver de vous, car il m'empêche de dormir, par ses lamentations.

— Il importe donc que nous lui rendions, à tout prix, son aile ! Je ne saurais me repentir du mal que j'ai fait, mais je voudrais pourtant qu'il eût un moyen de le réparer.

— Je pense qu'il y en a un, murmura-t-elle.

— Oh ! lequel ? dites vite !

— Il faudrait (elle parlait si bas qu'il l'entendait à peine), il faudrait remettre les choses en l'état où elles étaient avant la promenade sous les beaux citronniers. Mon ange a perdu son aile parce que j'ai reçu votre baiser ; il la reprendrait sans doute, si...

— Si ?... achevez, de grâce ?

— Si je vous le rendais !

En disant ces mots, frémissante et la pudeur aux joues, elle avait l'air d'une sensitive qui serait une rose ; et comme le prince s'approchait d'elle, extasié du moyen qu'elle avait imaginé, elle s'enfuit à travers les branches qui, secouées, éparpillèrent dans le soleil des gouttelettes de diamant et d'or.

Il courut, la rejoignit, la força de s'asseoir au pied d'un myrte plus grand que les grands chênes ; dans le mystère profond des bois, parmi le silence des nids qui se taisaient pour entendre, il lui parlait à genoux, comme on prie dans les temples.

— Vous que j'aime ! vous que j'adore ! pourquoi me fuir, après cette parole ! Ne m'avez-vous donné l'espérance de vos lèvres sur ma joue, que pour me laisser, plus amer, le désespoir de ne les avoir pas senties s'y poser, doucement? Oh! comme les fleurs sont ravies quand s'y ferme le vol d'un hélïas qui tremble ; c'est de délice que frémit l'eau rayée de libellules ; on ne peut concevoir la joie des feuilles qu'une colombe frôle. Mais combien je serais plus heureux que la fleur où le papillon se clôt, et que l'onde sous le tremblement des demoiselles, et que le feuillage caressé de plumes, si votre bouche, — ah! votre bouche — m'effleurait de son souffle de rose!

Elle ne répondait pas, détournait la tête, ne

voulait pas voir le cher visage d'enfant, épanoui comme le matin où elle aurait eu tant de plaisir à mettre un long baiser.

Il continua de parler, tristement :

— C'est donc que vous êtes bien cruelle, puisque vous ne voulez pas! Je comprendrais que vous me refusiez l'incomparable joie que j'implore, s'il ne s'agissait que de moi, que vous n'aimez pas assez. Mais, ô méchante, vous ne songez donc pas à votre ange qui pleure son aile blanche? Oubliez-vous qu'en me restituant le baiser reçu, vous lui rendriez le libre vol parmi les nuées et les étoiles de son paradis? Comme il est malheureux, et comme il est à plaindre! il se traîne sur le sol, au lieu de planer dans les aurores; accoutumé à resplendir de jour, il est tout gris de poussière. Avez-vous jamais vu une tourterelle à demi morte qui veut regagner sa branche, et ne peut pas? C'est à cet oiseau qu'il ressemble. Ah! le pauvre. Si vous n'avez point pitié de moi, ayez pitié de lui, et résignez-vous à me rendre heureux, afin qu'il le soit!

Ce fut certainement à cette considération

que céda l'hésitante jeune fille. Elle jugea que son devoir lui ordonnait de consentir au bonheur d'un homme pour le bonheur d'un ange ; et, lentement, avec ce retard des choses qui se savent désirées, ses lèvres s'approchèrent de la jeune joue en fleur. Elle s'y posèrent ! Un frémissement secoua les branchages. C'était l'ange qui s'envolait, avec deux ailes, joyeusement. Seulement les deux ailes, qui furent blanches, étaient roses, comme les deux baisers.

LES TRAITRISES DE PUCK

LES TRAITRISES DE PUCK

I

Un jeune homme, en armure d'argent, les ailes d'un alérion de neige éployées à son casque, chevauchait de grand matin, sur une cavale blanche ; il arriva qu'une belle princesse, en se promenant sous les pommiers en fleurs, le vit par delà la haie ; elle fut si émue qu'elle laissa tomber, avec un papillon qui était dessus, la jacinthe qu'elle avait dans la main.

— En vérité, soupira-t-elle, d'où qu'il

vienne, où qu'il aille, ce cavalier emportera ma pensée avec lui.

Elle lui fit signe de s'arrêter, elle dit :

— Je vous aime, vous qui passez. Si votre désir s'accorde au mien, je vous conduirai vers mon père, qui est le roi de ce royaume, et nous aurons de belles épousailles.

— Je ne vous aime pas, répondit le passant.

Il suivit son chemin. La princesse poussa la porte du verger, et se mit à courir sur la route.

— D'où venez-vous? demanda-t-elle, et où allez-vous de si grand matin, vous qui ne voulez point vous marier avec moi?

— Je viens de la ville où habite ma bien-aimée et je vais au-devant de mon rival qui arrive ce soir.

— Qui est votre bien-aimée?

— La fille d'un vavasseur; elle file à sa fenêtre, en chantant une chanson que les oiseaux écoutent.

— Qui est votre rival?

— Le neveu de l'empereur de Golconde; quand il tire son épée, on croit que le ciel va tonner, parce qu'on a vu des éclairs.

— Que disiez-vous, étant près d'elle, à votre bien-aimée?

— Je lui disais : « Donnez-moi votre cœur »; elle me le refusait.

— Que direz-vous, l'ayant rencontré, à votre rival?

— Je lui dirai : « Je veux votre sang »; il faudra bien qu'il me le donne.

— Combien j'ai peur que le vôtre ne coule ! Oh! permettez que je vous accompagne.

— La seule dont il me plairait d'être accompagné est à cette heure en son logis.

— Laissez-moi monter en croupe auprès de vous; je n'exigerai rien de plus.

— Les hommes n'ont pas coutume d'aller au combat avec une femme en croupe.

Et le cavalier éperonna la cavale blanche. La fille du roi pleurait, malheureuse pour toujours. Comme il était de très grand matin, le soleil ouvrait à l'horizon un œil encore tout sillé d'ombre, et les pinsons, avec les linots, éveillés et gazouillant parmi les feuillées, projetaient entre eux des parties de plaisir à travers les bois printaniers.

II

D'un buisson d'azalées, Puck sortit, habillé de deux feuilles de trèfle jointes ensemble par des fils de la vierge; il est si petit, que ce costume lui était un peu large; pour bonnet de fou, un volubilis des haies, où tremblait, ainsi qu'une clochette, un bouton d'or mi-clos.

— Yolaine, dit Puck en riant comme un nid, pourquoi te désoles-tu si fort?

— Mon seul amour s'en va, et je ne puis le suivre.

— Ton amour est-il ce beau jeune homme, en armure d'argent, les ailes d'un alérion de neige éployées à son casque, qui chevauche là-bas, sur une cavale blanche?

— C'est lui-même. Ses yeux sont bleus comme le ciel et il a les cheveux couleur de la nuit.

Puck agita la ramille d'aubépine qui lui tient lieu de marotte.

— Quand c'est mon plaisir, Yolaine, la tortue paresseuse devance les nuages, et les emportés étalons, soudainement ralentis, courent moins vite que le scarabée qui met toute une heure à traverser la feuille d'un platane. Yolaine, suis ton amour, sans inquiétude. Où il va, tu arriveras en même temps que lui.

Tandis que Puck rentrait dans le buisson d'azalées, Yolaine se mit en marche; les cailloux où elle posait ses petits pieds chaussés de satin et de perles, disaient dans un joli bruit : « Merci, petits pieds d'Yolaine. »

III

Mais le malicieux Puck, qui se plaît à ces jeux, avait trompé la princesse. Vainement elle marcha tout le jour et tout le soir, elle ne rejoignit point le cavalier dont les yeux étaient bleus comme le ciel. Seulement, à minuit, sur la route, elle vit passer, sur un spectre de cheval, un grand fantôme blanc.

— Oh! qui es-tu, forme qui passes? demanda Yolaine.

— J'étais un beau jeune homme aux cheveux couleur de la nuit; maintenant, je ne suis plus rien. J'ai rencontré au carrefour voisin le neveu de l'empereur de Golconde, mon rival;

nous nous sommes battus, et mon rival m'a tué.

— Où as-tu ? reprit-elle.

— Je vais à la ville, dans le logis où dort ma bien-aimée.

— Tu lui feras grand'peur! Penses-tu qu'elle t'aimera mort, toi qu'elle n'aima point vivant? Viens avec moi, qui t'ai choisi; je te ferai de mon lit un tombeau nuptial; je m'y endormirai pour toujours auprès de toi et nous aurons de belles funérailles.

— Non. Cette nuit, profitant du sommeil de ma bien-aimée, je veux lui dire adieu dans ses rêves; je baiserai, sur ses lèvres endormies, le songe de sa chanson.

— Permets du moins que je t'accompagne; laisse-moi monter en croupe auprès de toi!

— Ce n'est point la coutume des fantômes d'aller visiter leurs bien-aimées avec une femme en croupe.

Et la forme s'évanouit. La fille du roi pleurait, plus désespérée encore. Comme il était minuit passé, la lune, mélancoliquement, argentait l'horizon; les champs, la route, d'une lueur de neige; et les pinsons, avec les linots, endormis parmi le silence des feuilles, rêvaient de leurs folles volées à travers les bois printaniers.

IV

Puck sortit d'un buisson d'asphodèles; il portait un habit de deuil fait avec deux moitiés d'une tulipe noire; une petite toile d'araignée était le crêpe de son bonnet de fou.

— Yolaine, pauvre Yolaine, dit Puck, pourquoi te désoles-tu si fort?

— Mon seul amour est mort, et je ne puis le suivre.

— Est-ce ton amour, ce fantôme qui vient de passer sur la route?

— C'est lui-même. On lui a arraché ses cheveux couleur de la nuit, et, de regret de perdre sa bien-aimée, il a pleuré ses yeux bleus comme le ciel.

— Je sais les herbes qui font revivre et je sais les herbes qui font mourir. Retrouve le corps de ton préféré, je te donnerai l'herbe qui fait revivre.

— O Puck, tu m'as déçue! Mais, si tu trompes quand il s'agit de faire le bien, tu dis vrai, quand il s'agit de faire le mal. Donne-moi l'herbe qui fait mourir.

— Prends-la donc! dit le malicieux Puck. Dès que tu seras morte, tu rejoindras ton amour, et jamais plus vous ne vous quitterez.

Il lui donna quatre brins d'une herbe qu'en souvenir d'une histoire d'amour on appelle la Simonne; lorsque Puck fut rentré dans le buisson d'asphodèles, Yolaine porta l'herbe à ses lèvres et mourut sans souffrances.

V

Mais Puck, cette fois encore, avait trompé la princesse. Comme l'âme d'Yolaine montait vers le ciel, elle vit une âme qui descendait vers l'enfer. A la lueur d'une étoile, elle reconnut l'âme du beau jeune homme.

— Où vas-tu, âme de mon seul ami ?

— Hélas ! hélas ! j'ai parlé d'amour à ma bien-aimée dans ses rêves, et mes baisers posthumes ont effleuré sa bouche, comme un papillon noir qui tremble sur une rose. Je suis damné, je vais en enfer.

— Veux-tu que je te suive, moi qui suis morte pour te revoir ? Je te consolerai dans les tourments, je te relèverai dans les défaillances, je t'aimerai dans l'éternité. Mon amour sera la source de calme et de résignation offerte aux lèvres de ta douleur. Veux-tu que je te suive?

— Non, le souvenir de ma bien-aimée doit seul m'accompagner.

Et l'âme du beau jeune homme se perdit dans les ténèbres, tandis que l'âme de la jeune fille s'élevait, seule, vers l'affreux Paradis! Pendant ce temps, Puck, satisfait du succès de ses ruses, préparait dans la mousse d'un chêne, avec des brindilles en croix, des pièges où se prendraient les coccinelles réveillées.

LES LARMES SUR L'ÉPÉE

LES LARMES SUR L'ÉPÉE

I

Une fois que le preux Roland revenait de combattre les Morisques, il entendit conter par un pâtre, — tandis qu'il laissait souffler son cheval dans une gorge pyrénéenne, — que non loin de là un enchanteur se rendait odieux à tout le pays par sa tyrannie et par sa cruauté. A ce récit, le cheval dressa l'oreille en secouant sa crinière, prêt à prendre le galop, car il n'ignorait pas que son maître, d'ordinaire, mettait peu d'intervalle entre le moment où on lui révélait de tels forfaits et celui où il châtiait les coupables. Mais le justicier, patient ce jour-là, interrogea longuement le berger de la montagne. Il apprit de fort étranges choses. Le mauvais magicien, qui habitait dans un château près de la mer, ne se bornait pas à dépouiller les voyageurs, à dévaster les campagnes, à incendier les villages, à meurtrir les vieillards et à forcer les filles ; il triomphait de tous les nobles hommes qui venaient le défier dans l'intention de mettre un terme à tant de barbaries ; il avait fait mordre la poussière aux plus valeureux ; même par la fuite on ne se dérobait point au trépas. Devant le donjon, que battait d'un côté la furieuse mer, il y avait des tas énormes d'os rongés par les bêtes, blanchis par la pluie ; et toujours une bande de corbeaux, flottant et se déroulant sous le ciel, mettait au sommet de la tour une bannière noire. Le bon Roland ne put s'empêcher de rire ! le moyen de croire qu'un méchant sorcier avait vaincu des paladins bardés de fer, l'épée ou la lance au poing ! Le conteur ne savait ce qu'il disait, ou bien ceux qui avaient défié le seigneur du donjon étaient des couards indignes du nom de chevalier, de petits pages ayant revêtu, pour se jouer, des habits de bataille. « Bon seigneur, dit le pâtre, ce n'est point par son courage que l'enchanteur met à mal tous ses ennemis; il a inventé, grâce à son infernale science, une arme inconnue jusqu'à ce jour, qui tue de loin, sans danger pour celui qui tue. — Hein ? » fit Roland, rempli de surprise et sentant un dégoût lui monter aux lèvres comme s'il eût avalé une viande gâtée. Le berger continua : « Il n'a garde de descendre dans la plaine, de faire face aux combattants; car il sait bien que s'il offrait sa poitrine, même couverte de bronze, une pointe ne tarderait pas à y entrer. Il se tient blotti derrière sa muraille, ou derrière le tas des os amoncelés ; puis, de sa cachette, dans un bruit sec, une flamme sort tout à coup, et, sans avoir le temps de dire un *Pater*, le chevalier, qui s'avançait avec confiance, tombe sur la terre, une plaie rouge à la gorge ou au front.

— Par Jésus vainqueur de Tervagant ! s'écria le neveu de Charlemagne ; je n'ouïs jamais parler d'une si lâche façon d'agir ! il est vraiment fort heureux que je me sois arrêté dans ce lieu sauvage pour laisser souffler mon cheval ; car je pense qu'avant le jour prochain, si les saints me prêtent assistance et si sa demeure n'est point trop éloignée, j'aurai châtié le traître dont la vie est une offense à Dieu. Mais sait-on, parle avec franchise, comment, de quoi, est faite cette arme diabolique ? — On assure qu'elle se compose d'un tube assez long où s'allume d'un côté un morceau de salpêtre et d'où sort, de l'autre côté, une bille de métal, qui fend l'air, va droit au but, et frappe avec la vitesse de la foudre. » Roland n'en demanda pas davantage ; il assembla les brides, serra ses genoux où les ferrailles grincèrent ; et le cheval, la crinière envolée, galopait vers le rivage de la mer. Mais le preux baissait la tête, tristement, pendant cette chevauchée. Il lui répugnait d'avoir à salir son épée du sang d'un lâche. C'était la première fois qu'il allait au combat sans plaisir.

II

Les nuées du couchant étaient rouges sur la mer, quand apparut le château; on aurait pu croire que c'était de tous les crimes commis devant ces pierres que s'ensanglantait l'horizon. Roland s'arrêta, regardant l'horrible habitacle vers lequel montait, sous le ciel noir d'oiseaux croassants, un pâle escalier de squelettes! Il cherchait, entre les ossements, un sentier; il vit qu'il n'y en avait point tant les débris humains étaient nombreux, pressés, entassés; impossible d'arriver jusqu'au donjon sans marcher sur la mort. Ah! généreux combattants, venus de tous les coins du monde pour affronter le perfide enchanteur, vous qu'avait lâchement frappés, de loin, un invisible adversaire, combien Roland, dans son âme, vous plaignait et vous honorait ! Combien il souffrirait d'entendre, sous les sabots de son cheval, craquer vos os sans sépulture ! En même temps, une colère lui venait, terrible; et le devoir de vous venger l'emporta sur l'instinct de vous respecter. Il piqua des deux, Durandal au poing ! Alors, là-bas, d'entre les pierres, une lueur pétilla dans un fracas rude qui roula d'écho en écho; un sifflement effleura l'oreille du cavalier. Le sorcier se servait de sa traîtresse invention. Mais il n'eut pas le loisir d'en user une seconde fois. Sous la poussée de Roland, qui était descendu de cheval, une porte grinça, geignit, cria, bâilla parmi un écroulement de pierres, et, saisi à la gorge, étranglé, crachant son âme dans un blasphême, l'enchanteur tomba sur les dalles, à côté de son arme inutile, tandis que le preux, à peine essoufflé, souriait, content de lui. Pendant ce temps les corbeaux s'envolaient de la tourelle qui s'illumina de clarté sous l'adieu du soleil; ce fut comme si une oriflamme de lueur et d'or remplaçait la noire bannière. Mais Roland cessa bientôt de sourire. Après avoir repoussé du pied le cadavre, il se pencha, ramassa l'arme, la considéra longtemps, la mania avec dégoût. Elle se composait, en effet, d'un tube à deux ouvertures; par l'une la mort entrait, elle sortait par l'autre. Le preux songeait avec mélancolie.

III

Quand la nuit fut tout à fait venue, il marcha vers la mer. Une barque était là, il y entra, rompit l'amarre, rama de ses bras forts vers le large; l'acier de son armure, dans le va-et-vient du corps, reluisait sous les étoiles. Où allait-il? Quel voyage le tentait dans les ténèbres? Las de fatigues guerrières, avait-il conçu le dessein de se reposer dans l'une des îles miraculeuses où de belles fées caressent de leurs mains légères, éventent avec de grandes feuilles vertes, les chevaliers endormis? Ou bien, instruit de quelque injustice sous des cieux très lointains, avait-il résolu, fidèle à sa mission, de faire luire, là-bas, parmi les mensonges et les traîtrises, la tranchante équité de l'épée? Non, il voulait achever son œuvre de ce jour, incomplète encore. L'enchanteur gisait sans vie, le château renversé se dressait comme l'énorme et glorieux sépulcre de tant de chevaliers vaincus par trahison; c'était bien; ce n'était pas assez! Il fallait que l'arme lâche, avec laquelle on frappe de loin, disparût pour toujours, ne pût jamais être retrouvée. Il avait d'abord songé à la briser; mais un méchant homme en aurait pu ramasser les morceaux, aurait pu faire une arme semblable, d'après les débris rassemblés. La cacher sous la terre? Qui savait si quelqu'un, un jour, par hasard, ne l'eût pas déterrée? Le plus sûr, c'était de la jeter, la nuit, dans la mer, loin des rivages; c'est pourquoi il ramait vers le large. Quand il fut loin de la rive, très loin, quand il fut certain qu'il ne pouvait plus être vu, quand lui-même il ne vit plus rien, sinon l'immensité de l'onde et l'immensité du ciel, il se dressa, prit dans sa droite l'arme diabolique, cracha dessus, et la lança dans la mer, où elle s'enfonça très vite. Puis il resta pensif, sa hautaine stature, que blanchissaient les étoiles, lentement remuée par le balancement des flots, il ne se sentait point paisible, malgré ce qu'il avait fait. Il se disait qu'un jour ou l'autre, dans un avenir proche ou lointain, on s'aviserait peut-être d'inventer des appareils semblables à celui qu'il avait précipité dans les flots; il avait, lui, le preux, qui se réjouissait des lances rompues dans la rencontre des palefrois, des entre-choquements lumineux des glaives, des poitrines affrontant les poitrines, des rouges blessures proches des bras qui les firent, il avait la sombre vision d'une guerre étrange, où l'on se hait de loin, où ceux qui frappent ne voient pas ceux qu'ils frappent, où le plus lâche peut tuer le plus brave, où le traître hasard, dans de la fumée et du bruit, dispose seul des destinées. Alors, considérant Durandal, qui étincelait sous les étoiles, Roland pleura, pleura longtemps; et ses larmes tombaient une à une sur l'acier loyal de l'Épée.

LA PETITE FLAMME BLEUE

LA PETITE FLAMME BLEUE

I

Oui, bel enfant, dit la fée, grâce à la petite flamme bleue que je t'ai mise au front, tu pourras triompher de toutes les ténèbres, tu entreras enfin, après beaucoup d'efforts, dans le jardin miraculeux de la Joie et des Rêves, qui ouvre, de l'autre côté de l'ombre, sa porte de diamant. Là, tu vivras éternellement heureux, ayant oublié les tristesses du monde obscur, respirant un air subtil fait de l'âme des roses et de la claire haleine des étoiles; et d'angéliques lys, par milliers, seront les encensoirs de ta gloire. Va donc, à travers les périls, va sans crainte et sans doute; aucune puissance humaine ou diabolique ne saurait t'empêcher de parvenir à ton but, si tu conserves, toujours allumée, la petite flamme bleue. Mais si elle s'éteignait, — garde-toi de la laisser s'éteindre ! — tu serais enveloppé, tout à coup, d'une nuit profonde, et, marchant à tâtons, te heurtant à d'invisibles murs, roulant dans des précipices imprévus, tu ne retrouverais jamais plus la route de l'incomparable Jardin.

L'enfant remercia la bonne fée du présent qu'elle lui avait fait et des conseils qu'elle lui donnait; il se mit en chemin par un sentier de fleurs, qu'ensoleillait la matinée. La flamme bleue qu'il avait au front était plus lumineuse que le jour.

II

Il ne tarda pas à rencontrer les fondrières où il eût été très facile de se rompre le cou; sous ses pas roulaient des pierres, et, comme par l'écho de la secousse, des blocs de marbre, à droite, à gauche, au-dessus de sa tête, s'ébranlaient et tombaient : plus de vingt fois, il faillit être écrasé sous ces lourdes chutes; il l'aurait été bien certainement, si la flamme bleue, grandissante, ne l'avait enveloppé, quand il le fallait, d'une armure diamantine où s'émiettaient, sans l'érailler, les blocs; puis, le danger passé, elle n'était plus qu'une petite lueur d'or et d'azur parmi les cheveux de l'enfant. Comme il traversait la clairière d'une grande forêt, une bande de loups, les poils hérissés, du sang et du feu aux yeux, se rua sur lui! il se crut perdu; il sentait déjà dans sa chair d'affreuses dents dévorantes! Il en fut quitte pour la peur. La flamme bleue, en s'inclinant, avait ébloui les prunelles des loups qui s'enfuirent dans les broussailles en hurlant d'épouvante. Un autre jour, comme il pataugeait parmi les joncs d'un marécage, il arriva qu'il sortit des herbes et des fanges un grand nombre de reptiles qui l'enlacèrent pour l'étouffer; mais la petite lueur devint un serpent, elle aussi, un serpent pareil à un long éclair, et les bêtes rampantes se tordirent et moururent toutes, — on eût dit des sarments sur des braises, — dans les joncs incendiés. L'enfant qui voyageait vers le jardin de la Joie et des Rêves échappa encore à beaucoup d'autres périls. Il vit bien que la fée n'avait pas menti, que rien ne pourrait lui porter dommage tant que luirait la petite flamme bleue. Et elle ne se bornait pas à le défendre contre les méchancetés et les maléfices; elle lui donnaît de la joie au milieu des plus amers tourments. Sa clarté dorait les tristes paysages, mettait des fleurs vivantes dans les broussailles mortes; il n'était si sombre soir qu'elle n'égayât d'un éparpillement d'étoiles. En même temps, l'enfant avait comme une délicieuse caresse la chaleur qu'elle lui mettait au front; il sentait s'y épanouir sa pensée comme éclot, dans un rayon, une fleur; et toute son âme flambait, épurée, extasiée, sur ce divin petit bûcher.

III

Une nuit, les quatre vents, des quatre coins du ciel, se mirent à souffler à la fois ! Ce fut une si terrible tempête, sur la terre et sur la mer, que les toits des maisons ruinées s'envolaient ainsi que des nids d'oiseaux et que les plus grands navires, voiles arrachées et mâts rompus, tournaient dans l'air comme une toupie sous le fouet d'un enfant. Aucun chêne ne résista à la poussée furieuse des souffles. On entendait, parmi les rafales, des craquements énormes, à cause des forêts qui se couchaient sur le sol plus vite qu'une herbe foulée aux pieds ; l'effondrement des montagnes roulait

en torrents de sapins et de rocs; et la nuit
était noire parce que la tempête avait éteint
toutes les étoiles. Vous pensez si l'enfant eut
peur pour la petite flamme bleue ! Certainement, elle ne pourrait pas résister, si chétive,
à l'acharnement des vents. Réfugié dans la
crevasse d'un mont qui ne s'était pas encore
écroulé, il essayait, joignant les mains, de la
garantir, autant que possible, de la forcenée
bourrasque; mais un redoublement de tempête s'engouffra dans le creux de la roche; il
fut renversé, tomba sur les pierres, défaillit, le
front saignant. Quand il sortit, le lendemain,
de pâmoison, il se prit à pleurer. Le moyen
d'espérer que la jolie lueur n'était pas morte
dans cette nuit formidable où les astres eux-mêmes avaient cessé de briller? Mais il vit, à
travers ses larmes, un reflet tremblant de
clarté sur un marbre tombé là. O adorable
prodige ! Il avait toujours au front la petite
flamme bleue.

Quelques semaines plus tard, par une tiède
matinée de juin, — marchant toujours vers le
jardin de la Joie et des Rêves, — il traversait

une vaste plaine où il n'y avait pas une maison, pas un arbre. Il s'étonna d'apercevoir, au loin, vers la ligne de l'horizon, quelque chose de long, de sombre et de lisse, avec des blancheurs par endroits, qui s'avançait peu à peu, comme un rempart vivant détaché du ciel, dans un profond et grossissant murmure. Il ne tarda pas à reconnaître que, ce qui s'approchait, c'était une masse énorme d'eau ! Une inondation, telle que jamais encore il n'y en avait eu de pareille, envahissait irrésistiblement la plaine ; et toute la terre, dans un instant, ne serait plus qu'une mer immense. L'enfant trembla de peur ; non pas pour lui-même, mais pour la petite flamme. Elle serait vaincue par l'onde, si elle avait été victorieuse du vent. Il se mit à fuir, courant à perdre haleine. Vainement. Le flux énorme le suivait, le suivait, le gagnait de vitesse, l'atteignit, l'emporta. Pendant bien des heures, — tantôt surnageant, tantôt couvert par l'humide lourdeur, — il fut une épave roulant dans l'eau qui coule ; et, quand l'inondation eut atteint un désert brûlant dont les sables la burent, quand il fut couché sur les fleurs d'une oasis, il sanglota, navré de n'avoir point péri. Car, cette fois, c'en était fait, il était sûr de ne plus avoir la douce lueur au front. Elle avait dû s'éteindre, à jamais, dans la froideur de l'eau. Il poussa un cri de joie. Là, dans la flaque d'un creux de sable, tremblait un reflet d'or et d'azur. Elle vivait toujours, la petite flamme bleue !

Dès lors il connut le bonheur de l'espoir sans trouble et de la certitude. Ayant répudié tous les doutes, il marcha fièrement à la conquête de son rêve. Puisque la vivace clarté avait triomphé de la rafale et des flots, il était sûr d'entrer dans le miraculeux Jardin qui ouvre, de l'autre côté de l'ombre, sa porte de diamant.

IV

Après avoir traversé toutes les villes et toutes les solitudes, après avoir défié des ténèbres plus denses que la poix et des incendies plus furieux qu'un coucher du soleil, il s'arrêta, ébloui, car il voyait enfin, lumineuse et diaphane, la porte diamantine. Il était arrivé ! il allait pénétrer dans l'auguste paradis de la Joie et des Rêves ; là, il vivrait éternellement heureux, ayant oublié les tristesses du monde obscur, respirant un air subtil fait de l'âme des roses et de la claire haleine des étoiles ; et d'angéliques lys, par milliers, seraient les encensoirs de sa gloire.

Comme il pressait le pas, il tourna la tête, à cause d'un petit rire. Une jeune femme lui faisait signe, à demi nue sur un lit d'herbes fleuries, montrant, dans toute sa blancheur grasse, une bouche pareille à une rose un peu grande et des bouts de seins, pareils à deux petites roses.

— Eh ! bel enfant, dit-elle, que vous avez donc là, au front, une jolie flamme bleue !

— Oui, dit-il, elle est jolie.

— Vous ne savez pas ce que vous feriez si vous étiez courtois et complaisant comme il faut l'être avec les dames ?

— Que ferais-je ? demanda-t-il.

— Vous me laisseriez regarder de plus près cette petite lueur ; et, pour prix, je vous donnerais un baiser de ma bouche sur votre front. Il n'est rien de plus agréable que les baisers que je donne.

L'enfant ne vit aucun inconvénient à faire ce que voulait la jeune femme demi-nue. Quel péril y avait-il à laisser admirer, par cette belle créature sans méchanceté l'invincible lumière qui avait triomphé des bourrasques et de l'eau furieuse? et il se sentait doucement ému à cause de l'espoir du baiser.

Il inclina son front pour qu'elle y mît sa bouche, pour qu'elle regardât à son aise la clarté d'or et d'azur.

De son côté, elle s'approchait, souriante, ouvrant ses lèvres roses.

O délicieux instant! Mais sous le souffle de la jeune femme, pendant le baiser, la petite flamme bleue s'éteignit. Et, tout à coup, le voyageur fut enveloppé d'une nuit profonde. Et depuis bien des années il se lamente, marchant à tâtons, se heurtant à d'invisibles murs, roulant dans des précipices imprévus. Et jamais plus il ne retrouvera la route de l'incomparable Jardin.

MARTINE ET SON ANGE

MARTINE ET SON ANGE

I

En ce temps-là, dans ce pays, il y avait une enfant de quinze ans, appelée Martine, qui était sur le point de rendre l'âme. La maladie l'avait prise tout à coup ; maintenant elle allait trépasser. Ses parents, de pauvres campagnards qui ne possédaient rien autre chose qu'une vieille chaumière au milieu d'un maigre champ, éprouvaient une cruelle affliction ; car ils aimaient tendrement la jolie moribonde. La mère surtout se désespérait ; d'abord, parce qu'elle était la mère, et puis parce que, la chaumière se trouvant très loin du village, elle craignait que M. le curé n'arrivât pas avant la mort de Martine. Très dévote, elle pleurait en songeant que sa fille cesserait de vivre sans s'être confessée et sans avoir reçu l'absolution.

— Pour ce qui est de cela, n'ayez point de souci, madame, dit une voix si douce que les parents, malgré leur douleur, en eurent l'ouïe enchantée.

En même temps, ils voyaient, derrière le lit de l'agonisante, se lever une forme blanche, un peu vague, avec des ailes.

La voix reprit :

— Je suis l'ange gardien de Martine, et je pense qu'un ange peut remplacer un prêtre sans aucun désavantage. Tenez-vous dans ce coin, là-bas, ne retournez pas la tête. Votre enfant me dira ses péchés; comme elle est tout à fait innocente, ce sera l'affaire d'un moment.

II

Il arrive peu souvent qu'une jeune fille se confesse à un ange; la chose arriva en ce temps-là dans ce pays. Martine eut bientôt fait d'avouer ses menues peccadilles; le divin messager allait la bénir, pardonnée, non des mains, mais des ailes, lorsqu'elle se souvint d'une grosse faute qu'elle avait commise, la semaine passée. Envieuse d'un mouchoir de cou, en soie rose, si joli, que lui avait montré une voisine, elle l'avait dérobé pour s'en parer. Double crime : coquetterie et larcin. L'ange demeura perplexe.

— Je ne sais, dit-il, si je dois vous absoudre d'un tel péché. Où est-il, ce mouchoir?

— Sous l'oreiller, mon bon ange.

— Il faudrait le restituer.

— Oh! ce serait de grand cœur. Mais le puis-je? Malade comme je suis, je ne saurais faire un pas ni même descendre de mon lit; et la maison de la voisine est de l'autre côté du petit bois.

— Qu'à cela ne tienne, dit l'ange gardien qui avait réponse à tout. Faisons un troc, pour un instant : donnez-moi votre maladie, prenez ma bonne santé; et je resterai dans le lit au lieu de vous, tandis que vous irez rapporter le mouchoir. Vos parents ne s'apercevront de rien; je cacherai mes ailes sous le drap.

— Je ferai comme il vous plaira, dit Martine.

— Mais surtout gardez-vous de perdre le temps en chemin! Imaginez ce qui arriverait si l'heure marquée pour votre mort sonnait avant votre retour : il me faudrait mourir à votre place; ce qui serait tout à fait malséant, puisque je suis immortel.

— N'ayez crainte, mon ange! Je ne vous exposerai pas à un si grand malheur. Quelques minutes suffiront pour que j'aille et revienne.

Là-dessus, se sentant aussi dispose qu'il est possible de l'être, elle sauta du lit et se vêtit à la hâte, en silence, pour ne pas attirer l'attention de ses parents; quand ceux-ci se retournèrent, ils virent sur l'oreiller un doux visage pâle, avec des cheveux blonds; sans doute c'était l'ange, qui cachait ses ailes sous le drap.

III

Courant à travers les branches, sautant les fossés, Martine faisait toute la diligence possible. Bien que ce fût déjà nuit noire, elle connaissait trop bien la route pour qu'il y eût le moindre risque qu'elle s'égarât. Elle arriva sans retard à la maison de la voisine, entra sans frapper, glissa dans un bahut le mouchoir de soie rose, — par bonheur, il n'y avait personne au logis, — et s'en revint sur ses pas. A vrai dire, elle marchait un peu moins vite que tout à l'heure. Était-ce qu'elle hésitait, au moment de rendre à son ange la santé qu'il lui avait prêtée? Pas du tout. Elle lui gardait une grande reconnaissance de ce qu'il avait fait pour assurer le salut éternel d'une pauvre fille, et se sentait résolue à tenir sa promesse. Non certes, non, elle ne le laisserait pas mourir au lieu d'elle! Si elle ne courait point, à présent, c'était à cause de la fatigue. Puis, un rossignol chantait dans les branches nocturnes tout argentées de lune, et qu'y a-t-il de plus doux à écouter que ce chant la nuit? Elle l'entendait, hélas! pour la dernière fois. En même temps une tristesse lui venait à penser qu'il y aurait demain un ciel de lune et d'étoiles, qu'elle ne verrait point. C'était affreux, ce lit, si proche, où elle s'endormirait pour toujours. Mais elle secoua ces lâches regrets! Elle s'élança, et, déjà, elle apercevait dans l'ombre la vieille chaumière au milieu du champ, lorsqu'une musique de violon sonna dans le lointain. On dansait, là-bas, dans le hangar d'une ferme. Elle s'était arrêtée. Elle écoutait, troublée, ravie. Elle se disait que c'était tout près, cette ferme; qu'une valse, — une toute petite valse, — ne dure pas lontemps; rien de plus

19.

mal sans doute que de faire attendre l'ange qui souffrait pour elle; mais enfin, l'heure où elle devait mourir n'était pas, peut-être, si proche qu'on le croyait...

IV

Après une valse, ce fut une autre valse, une autre, une autre encore ! Avant chacune, « la dernière ! pensait Martine, puis je m'en irai mourir. » La musique recommençait ; l'enfant n'avait pas la force de s'éloigner. Elle avait des remords, certainement, mais des remords qui dansaient avec elle. Pourtant, quand minuit sonna, elle réunit tout son courage. Elle ne resterait pas une minute de plus ! Elle reprendrait sa place dans le lit mortuaire ! Comme elle sortait du bal, elle se trouva en face d'un jeune homme si beau qu'elle n'avait jamais rêvé qu'il en pût exister de pareil. Et ce n'était pas un paysan, ni l'un des seigneurs des châteaux voisins, mais le roi lui-même qui, revenant cette nuit-là d'une chasse où il s'était égaré avec quelques courtisans, avait fait halte devant la ferme pour voir comment se divertissent les gens de la campagne. A l'aspect de Martine, il demeura ébloui, — jamais il n'avait admiré à la cour une princesse aussi belle que cette fillette des champs, — et il devint tout pâle tandis qu'elle devenait toute rose. Après un silence, où ils achevèrent de s'éprendre l'un de l'autre à un point qu'on ne saurait dire, le roi n'hésita pas à s'écrier que son cœur était fixé pour toujours, qu'il n'aurait point d'autre femme que cette exquise bergère. Il ordonna qu'on fît approcher un carrosse où elle prendrait place pour venir à la cour. Hélas! Martine, délicieusement émue, ne put s'empêcher de monter dans la royale voiture; en même temps, elle avait le cœur bien gros en songeant à l'ange gardien qui se mourait dans la chaumière, qui était peut-être mort, maintenant.

V

Elle fut reine, elle eut des palais merveilleux, et la joie des fêtes, et la gloire d'être la plus illustre avec l'orgueil d'être la plus belle. Mais ce qui la ravissait surtout, ce n'étaient pas les louanges des chambellans et des ambassadeurs, ce n'était pas de marcher sur des tapis de soie et d'or, de porter des robes fleuries de toutes les roses et constellées de tous les diamants, non, c'était l'amour toujours vivant, toujours grandissant, qui brûlait pour le roi, dans son cœur, qui brûlait, dans le cœur du roi, pour elle. Ils éprouvaient l'un pour l'autre une tendresse non pareille. Dans tout le vaste monde, ils ne voyaient qu'eux seuls. Les affaires de l'État étaient le moindre de leurs soucis; qu'on leur permît de s'adorer en paix, ils n'avaient pas d'autre désir; et, sous leur règne, on ne fit point la guerre, tant ils s'occupaient à faire l'amour. Au milieu d'une telle joie, Martine songeait-elle au céleste messager qui avait pris sa place, par charité pure? Rarement. Son bonheur ne lui laissait pas le temps de ce chagrin. Que si, — parfois, — un remords lui venait de n'avoir pas accompli sa promesse, elle s'en délivrait en se disant que Martine, dans la chaumière, n'était peut-être pas aussi malade qu'il paraissait, et que l'ange avait dû guérir. D'ailleurs, elle ne s'inquiétait guère de ce passé si obscur, si lointain, et elle ne pouvait pas avoir de tristesse puisqu'elle s'endormait tous les soirs, la tête sur l'épaule de son royal époux. Mais il advint une chose terrible : le roi disparut un jour, pour ne plus reparaître, et personne ne put savoir ce qu'il était devenu.

VI

Dès qu'elle fut seule, dès qu'elle fut malheureuse, Martine se souvint de l'ange qui l'avait attendue en vain. Quand on est à plaindre, on est enclin à avoir pitié. Elle se reprocha amèrement d'avoir condamné au trépas le miséricordieux immortel, — car, depuis longtemps, sans doute, il avait cessé d'exister, — et, un jour, s'étant revêtue d'un habit de pauvresse, d'un habit pareil à ceux qu'elle portait jadis, elle s'achemina vers la chaumière au milieu du champ. Espérait-elle qu'il serait temps encore de reprendre sa place dans le lit fatal? Oh! non, elle savait bien qu'elle avait commis une faute irréparable; mais elle voulait revoir, pèlerine repentante, le lieu où avait souffert celui qui s'exposa pour elle. La chaumière n'était plus que décombres dans la plaine en jachère. En s'informant chez les voisins qui se gardèrent bien de la reconnaître, Martine apprit que les habitants de la demeure aujourd'hui ruinée avaient quitté le pays, autrefois, après la mort d'une fille chérie; et l'on ne savait pas quel chemin ils avaient suivi. Quant à l'enfant, elle était enterrée dans le petit cimetière, au flanc de la colline. Ainsi, c'était certain, le céleste remplaçant était mort à l'heure où elle aurait dû mourir elle-même, et on l'eût ensevelie si on ne l'avait pas enseveli. Du moins elle irait prier sur la tombe de l'ange. Elle entra dans le cimetière, s'agenouilla devant une croix basse où on lisait le nom de Martine parmi les hautes herbes fleuries. Comme son cœur se déchirait! Comme elle se jugeait coupable! Avec quels sanglots elle implorait la divine clémence! Mais une voix lui dit, une voix si douce que, malgré sa douleur, elle en eut l'ouïe enchantée :

— Ne vous désolez pas, Martine ; les choses n'ont pas aussi mal tourné que vous pouvez le croire.

En même temps, elle voyait, derrière la croix, se lever une forme blanche, un peu vague, avec des ailes.

La voix reprit :

— Je suis votre ange gardien, et tout est bien puisque vous voilà. Hâtez-vous de vous coucher sous cette pierre, et j'emporterai votre âme au paradis, afin de l'y épouser.

— Hélas ! mon bon ange, combien vous avez dû souffrir, par ma faute, en mourant, et combien vous avez dû vous ennuyer, seul si longtemps, dans cette tombe !

— Bon ! dit-il, je m'étais bien douté que vous ne reviendriez pas de sitôt, et j'avais pris mes précautions en conséquence. Une vaine forme abusa vos parents, sous le drap, sur l'oreiller ; je vous ai suivie à travers les branches ; et, pendant le temps où j'aurais dû dormir à votre place dans la fosse, sous les hautes herbes fleuries...

— Oh! pendant ce temps, en quel lieu étiez-vous, mon ange?

— J'étais dans notre royal palais, ma reine, où vous m'aimiez presque autant que vous m'aimerez tout à l'heure au Paradis!

LA DERNIÈRE FÉE

LA DERNIÈRE FÉE

Un jour, dans une calèche faite d'une coquille d'aveline et attelée de quatre coccinelles, la fée Oriane, — qui n'était pas plus grande que l'ongle du petit doigt, — s'en retournait vers la forêt de Brocéliande où elle avait coutume de vivre avec ses pareilles. Elle revenait d'un baptême de trois rouges-gorges, qu'on célébrait dans le creux d'un mur tout fleuri de glycines; la fête avait été fort agréable dans le nid sous les feuilles; les jolis cris des oiseaux nouveau-nés remuant leurs ailerons roses à peine duvetés, avaient permis d'espérer que les filleuls de la fée seraient un jour des chanteurs excellents. Oriane était donc de très belle humeur, et, comme la joie fait qu'on est bon, elle rendait service en chemin à toutes les personnes et à toutes les choses qu'elle rencontrait; fourrant des bouquets de mûres dans le panier des gamines qui s'en vont à l'école, soufflant, pour les aider à éclore, sur les boutons d'églantines, mettant des brins d'avène par-dessus les gouttes de rosée, de peur que les cirons courussent le risque de se noyer en les traversant. Deux amoureux, paysan et paysanne, s'embrassaient dans un champ où le blé vert leur venait à peine aux chevilles; elle fit mûrir et grandir les blés afin que, de la route, on ne vît point les baisers. Et comme, à faire le bien que vous conseilla la joie, on devient plus joyeux encore, la fée Oriane était à ce point pleine d'aise que, si elle n'avait pas craint de renverser la voiture, elle se serait mise à danser dans la coquille de noisette. Mais, bientôt, ce ne fut plus le temps d'être contente. Hélas! qu'était-il arrivé? Elle était bien sûre d'avoir suivi la bonne route, et là où naguère la forêt de Brocéliande remuait dans la brise les mystères enchantés de ses profondes verdures, il n'y avait plus qu'une vaste plaine, avec des bâtisses éparses, sous un ciel sali de noires fumées. Qu'étiez-vous devenues, clairières vertes et dorées où l'on dansait au clair des étoiles, fourrés de roses, buissons d'épines épanouies, grottes où le sommeil souriait sur les mousses d'or, dans les parfums et les musiques, et vous, palais souterrains aux murailles de cristal, qu'illuminaient, les jours de fêtes, mille lustres de vivantes pierreries? Qu'étiez-vous devenues, Urgande, Urgèle, Alcine, Viviane, et Holda la païenne, et Melusine la charmeuse, et vous, Mélandre, et vous, Arie, et vous aussi Mab et Titania? « C'est en vain que tu les appellerais, pauvre Oriane, dit un lézard qui s'arrêta de fuir entre les pierres. Des hommes se sont précipités en grand nombre à travers vos chères solitudes; pour qu'on pût bâtir des maisons, pour ouvrir un passage à d'affreuses machines soufflant des vapeurs et des flammes, ils ont abattu les arbres, incendié les fourrés de roses et les buissons d'épines, comblé des pierres de vos grottes vos mystérieux palais de cristal, et toutes les fées ont succombé dans les désastres, sous les écroulements. J'ai vu Habonde, qui allait s'échapper, mourir avec un petit cri sous le pied d'un passant, comme une cigale qu'on écrase. » Entendant cela, Oriane se mit à pleurer amèrement sur la destinée de ses compagnes chéries, sur son propre destin aussi; car, vraiment, c'était une chose bien mélancolique que d'être la seule fée qui demeurât au monde.

Que ferait-elle? Où se cacherait-elle? Qui la défendrait contre la fureur des hommes méchants? La première idée qui lui vint, ce fut de s'enfuir, de n'être plus dans ce triste lieu où ses sœurs avaient péri. Mais elle ne put pas voyager en carrosse, comme c'était sa coutume; les quatre coccinelles, — pour qui elle s'était toujours montrée si bonne, — avaient entendu le discours du lézard et venaient de prendre leur vol, avec l'ingratitude de toutes les ailes. Ce fut un coup très dur pour la malheureuse Oriane; d'autant plus qu'elle ne détestait rien davantage que de marcher à pied. Elle s'y résigna cependant, et se mit en route, à pas menus, parmi les herbes plus hautes qu'elle. Elle avait résolu de se rendre chez les rouges-gorges du mur fleuri de glycines ; le père et la mère de ses filleuls ne manqueraient pas de la bien accueillir ; leur nid lui serait un asile, du moins jusqu'à l'automne. On ne va pas si vite, avec de toutes petites jambes, que dans une coquille d'avelines, emportée par des bêtes-à-bon-Dieu qui voltigent. Trois longs jours se passèrent avant qu'elle aperçût la muraille en fleur ; vous pensez qu'elle était bien lasse. Mais elle allait pouvoir se reposer enfin. « C'est moi, dit-elle en s'approchant, c'est moi, la fée marraine ; venez me prendre, bons oiseaux, sur vos ailes, et portez-moi dans votre logis de mousse. » Point de réponse ; pas même une petite tête de rouge-gorge, sortant d'entre les feuilles pour regarder qui est là ; et, en écarquillant les yeux, Oriane vit qu'on avait accroché au mur, à la place où fut le nid, un morceau de faïence blanche, qui traversait le fil d'une ligne de télégraphe.

Comme elle s'en allait, ne sachant ce qu'il adviendrait d'elle, elle remarqua une femme qui portait dans les bras une corbeille pleine de blé et poussait, pour entrer, la porte d'une grange. « Ah ! madame, dit-elle, si vous me gardez avec vous et si vous me protégez, vous n'aurez point sujet de vous en repentir ; les fées, comme les lutins, s'entendent mieux que personne à démêler les bons grains d'avec la fâcheuse ivraie, et à vanner, même sans van. Vraiment, vous aurez en moi une servante qui vous sera très utile et vous épargnera beaucoup de peine. » La femme n'entendit point ou feignit de ne pas entendre ; elle poussa tout à fait la porte et jeta le contenu de sa corbeille sous les cylindres d'une machine qui nettoie le blé sans qu'on ait besoin des lutins ni des fées. Oriane, un peu plus loin, rencontra sur le bord d'une rivière des hommes qui se tenaient immobiles autour de ballots énormes, et il y avait, près du bord, une navire ; elle pensa que ces gens ne savaient comment s'y prendre pour embarquer leurs marchandises. « Ah ! messieurs, dit-elle, si vous me gardez avec vous et si vous me protégez, vous n'aurez point sujet de vous en repentir. J'appellerai à votre aide des gnomes très robustes, qui peuvent sauter même avec des fardeaux sur les épaules ; ils auront bientôt fait de transporter toutes ces lourdes choses. Vraiment, vous aurez en moi une bonne servante qui vous sera très utile et vous épargnera beaucoup de peine. » Ils n'entendirent point, ou feignirent de ne pas entendre ; un grand crochet de fer, qu'aucune main ne tenait, s'abaissa, s'enfonça dans l'un des ballots, et celui-ci, après un demi-tour dans l'air, s'abattit lentement sur le pont du navire, sans qu'aucun gnome s'en fût mêlé. Le jour montant, la petite fée vit par la porte ouverte d'un cabaret deux hommes qui jouaient aux cartes, penchés vers une table ; à cause de l'obscurité grandissante, il devait leur être fort difficile de distinguer les figures et les couleurs. « Ah ! messieurs, dit-elle, si vous me gardez avec vous et si vous me protégez, vous n'aurez point sujet de vous en repentir. Je ferai venir dans cette salle tous les vers-luisants qui s'allument aux lisières des bois; vous ne tarderez pas à y voir assez clair pour continuer votre jeu avec tout le plaisir possible. Vraiment, vous aurez en moi une servante qui vous sera très utile et vous épargnera beaucoup de peine. » Les joueurs n'entendirent point, ou feignirent de ne pas entendre : l'un d'eux fit un signe, et trois grands jets de lumière, hors de trois pointes de fer, jaillirent vers le plafond, illuminant tout le cabaret, beaucoup mieux que ne l'auraient pu faire trois mille vers luisants. Alors Oriane ne put s'empêcher de pleurer, comprenant que les hommes et les femmes étaient devenus trop savants pour avoir besoin d'une petite fée.

Mais le lendemain, elle se reprit à espérer. Ce fut à cause d'une jeune fille qui rêvait, accoudée à sa fenêtre, en regardant voler les hirondelles. « Il est certain, pensait Oriane, que les gens de ce monde ont inventé beaucoup de choses extraordinaires, mais, dans le triomphe de leur science et de leur puissance, ils n'ont dû renoncer à l'éternel et doux plaisir de l'amour. Je suis bien folle de n'avoir pas songé plus tôt à cela. » Et, parlant à la jeune fille de la fenêtre :

« Mademoiselle, dit la dernière fée, je sais, dans un pays lointain, un jeune homme plus beau que le jour, et qui, sans vous avoir jamais vue, vous aime tendrement. Ce n'est pas le fils d'un roi, ni le fils d'un homme riche, mais des cheveux blonds lui font une couronne d'or, et il vous garde dans son cœur des trésors infinis de tendresse. Si vous y consentez, je le ferai venir auprès de vous, avant qu'il soit longtemps, et vous serez, grâce à lui, la plus heureuse personne qui ait jamais existé.

— C'est une belle promesse que vous me faites là, dit la jeune fille étonnée.

— Je la tiendrai, je vous assure.

— Mais que me demanderez-vous en échange d'un tel service ?

— Oh ! presque rien ! dit la fée ; vous me laisserez me blottir, — je me ferai plus petite encore que je ne suis, pour ne pas vous gêner, — dans l'une des fossettes que le sourire met aux coins de votre bouche.

— Comme il vous plaira ! c'est marché conclu. »

La jeune fille avait à peine achevé qu'Oriane, pas plus grosse qu'une perle presque invisible, était déjà nichée dans le joli nid rose. Ah! comme elle s'y trouvait bien ! Comme elle y serait bien, toujours ! Maintenant, elle ne regrettait plus que les hommes eussent saccagé la forêt de Broceliande, et tout de suite, — car elle était trop contente pour négliger de tenir sa parole, — elle fit venir du pays lointain le jeune homme plus beau que le jour. Il parut dans la chambre, couronné de boucles d'or, et s'agenouilla devant sa bien-aimée, ayant dans le cœur d'infinis trésors de tendresse. Mais, à ce moment, survint un fort laid personnage, vieillissant, l'œil chassieux, la lèvre fanée ; il portait, dans un coffret ouvert, tout un million de pierreries. La jeune fille courut à lui, l'embrassa, et le baisa sur la bouche d'un si passionné baiser que la pauvre petite Oriane mourut étouffée dans la fossette du sourire.

TABLE DES MATIÈRES

	Pages.
Le Soir d'une fleur..................	1
La Belle du monde.................	13
La Bonne Trouvaille................	31
La Belle au bois rêvant.............	41
Le Vœu maladroit..................	53
Isoline-Isolin......................	65
Le Miroir.........................	79
La Princesse Oiselle................	97
Le Chemin du Paradis..............	113
Les Baisers d'or...................	123
Les Accordailles...................	137
Le Mauvais Convive................	151
La Tire-lire.......................	161
La Bonne Récompense..............	173

TABLE DES MATIÈRES

	Pages.
Les Mots perdus	185
La Mémoire du cœur	197
Les Trois Bonnes Fées	209
Le Ramasseur de bonnets	219
Les Trois Semeurs	231
La Belle au cœur de neige	243
Les Deux Marguerites	257
L'Ange boiteux	271
La Traîtrises de Puck	283
Les Larmes sur l'épée	299
La Petite Flamme bleue	311
Martine et son Ange	325
La Dernière Fée	343

Paris. — Typ. Ch. Unsinger, 83, rue du Bac.

www.ingramcontent.com/pod-product-compliance
Lightning Source LLC
Chambersburg PA
CBHW070901170426
43202CB00012B/2149